MIT PFERDEN UNTERWEGS

Robert Claus
Sabine Schmitt

Mit Pferden unterwegs

Vorbereitung, Ausrüstung
und Orientierung für Wanderreiter

Kosmos

Mit 18 Farbfotos von Joachim Bohr, Saarlouis (S. 53 oben), Robert Claus, Schwalbach (S. 17 oben li., S. 17 oben re., S. 17 unten, S. 18 oben, S. 18 unten, S. 53 unten, S. 54 oben li., S. 54 oben re., S. 71 oben, S. 71 unten, S. 72 oben re.), Cornelia Koller, Lüllau (S. 35 oben, S. 35 unten, S. 36), Lothar Lenz, Cochem (S. 54 unten, S. 72 unten), Sabine Stuever, Darmstadt (S. 72 oben li.) sowie 64 Schwarzweißzeichnungen von Jeanne Kloepfer, Heidelberg.

Umschlaggestaltung von Atelier Jürgen Reichert, Stuttgart, unter Verwendung von Fotos von Robert Claus, Schwalbach (Vorderseite: großes Foto, Rückseite) und Sabine Stuever, Darmstadt (Vorderseite: kleines Foto).

Die Deutsche Bibliothek – CIP-Einheitsaufnahme

Claus, Robert:
Mit Pferden unterwegs : Vorbereitung, Ausrüstung und Orientierung für Wanderreiter / Robert Claus ; Sabine Schmitt. – Stuttgart : Kosmos, 1997
  ISBN 3-440-07267-3

© 1997, Franckh-Kosmos Verlags-GmbH & Co., Stuttgart
Alle Rechte vorbehalten
ISBN 3-440-07267-3
Printed in Germany/Imprimé en Allemagne
Satz: TypoDesign, Würzburg
Druck und Binden: Huber KG, Dießen

Mit Pferden unterwegs

Wanderreiten –
eine Philosophie _____ 8

Das Wanderreitpferd ____ 10
Alter_____ 10
Rasse _____ 10
Exterieur _____ 11
Interieur _____ 12
Geschlecht _____ 14

Vorbereitung von Pferd
und Reiter_____ 15
Training des Pferdes _____ 15
Training des Reiters _____ 21
Geistige Vorbereitung
des Pferdes _____ 22
Geistige Vorbereitung
des Reiters _____ 23

Ausrüstung _____ 25
Ausrüstung für das Pferd_____ 25
  Sattel _____ 25
  Zäumung _____ 28
  Anbindevorrichtung _____ 30
  Putzzeug _____ 31
Ausrüstung für den Reiter _____ 31
  Kleidung _____ 31
  Nützliche Accessoires _____ 32
Für den Notfall _____ 33
  Lederreparaturset _____ 33
  Hufbeschlagswerkzeug _____ 33
  Erste-Hilfe-Paket _____ 34

Karte und Kompaß_____ 37
Die geeignete Karte _____ 37
Der geeignete Kompaß _____ 38
Gebrauch von Karte und
Kompaß _____ 39
  Umgang mit der Karte _____ 39
  Einnorden der Karte _____ 41
  Das Höhenrelief _____ 42
  Errechnung der Reitzeit _____ 44

Quartiere_____ 46
Das Musterquartier_____ 46
  Unterkunft der Pferde_____ 47
  Unterkunft der Reiter _____ 48
Wie finde ich ein Quartier? _____ 49
Verhalten im Quartier _____ 49

Erste Hilfe _____ 51
Erste Hilfe für den Reiter _____ 51
  Bewußtlosigkeit _____ 51
  Äußere Verletzungen _____ 55
  Innere Verletzungen _____ 56
Erste Hilfe für das Pferd _____ 58
  Äußere Verletzungen _____ 58
  Satteldruck _____ 60
  Lahmheit_____ 60
  Knochenbrüche_____ 61
  Vergiftungen _____ 61
Erste-Hilfe-Ausrüstungen _____ 62
  Für Reiter _____ 62
  Für Pferde_____ 62
  Medikamente _____ 62

Vorbeugende Gesundheitsmaßnahmen ___ 64
Impfschutz ___ 64
Entwurmen ___ 65

Pferdehaltung ___ 67
Boxenhaltung ___ 68
Offenstallhaltung ___ 68
Auswirkungen auf die Psyche ___ 69
Auswirkungen auf den Körper ___ 70

Füttern und Tränken ___ 74
Fütterung vor dem Wanderritt ___ 74
Folgen falscher Fütterung ___ 76
Füttern in fremder Umgebung ___ 76
Fütterung während des Wanderritts ___ 77
Futtermittelsorte ___ 77
Fütterungszeiten ___ 78
Tränken ___ 79
Giftpflanzen ___ 79
Fütterung nach dem Wanderritt ___ 80

Kleine Hufkunde ___ 82
Barfuß – Eisen – Kunststoff ___ 82
Barfuß ___ 82
Kunststoff als Alternative ___ 83
Probleme mit dem Hufschutz ___ 84
Kleine Pannenhilfe ___ 85
Hufpflege ___ 86

Wanderreiten: Allein, in der Gruppe, mit Führung ___ 88

Die Jahreszeit für den Wanderritt ___ 91

Gestaltung eines Wanderreittages ___ 93

Der Wanderritt und seine Gefahren ___ 95

Reitrechtliche Bestimmungen ___ 99
Reiten in freier Natur ___ 99
Bundesrecht ___ 99
Länderrecht ___ 100
Reiten im Straßenverkehr ___ 101
Die Straßenverkehrsordnung ___ 101

Versicherungsschutz für Pferde ___ 106
Versicherungsarten ___ 106

Ausbildung des Wanderreiters ___ 108
Der Geländereiter ___ 108
Der Wanderreiter ___ 109
Der Geländeritt-Führer ___ 109
Der Wanderritt-Führer ___ 110

Aus der Praxis geplaudert ___ 111
Der richtige Sattel war doch der falsche ___ 111
Drei Eisen sind eins zuwenig ___ 112
Der Weg ins Nirgendwo ___ 112
Wo bleibt der Gastgeber? ___ 113
Ein außergewöhnliches Quartier ___ 113
Der Wanderzirkus ___ 114
Wanderreiter obdachlos ___ 115

Anhang ___ 117
Vereinsadressen ___ 117
Ausbildungsbetriebe für Wanderreiter ___ 117
Kunststoffplatten ___ 117
Wanderreitstationen ___ 117
Literatur ___ 118

Vorwort

Das Wanderreiten wird in Reitkreisen leider immer noch als »Stiefkind« behandelt, und nicht selten rümpft man die Nase über die oft abenteuerlich gekleideten Reiter.

Doch gerade der Wanderreiter beschäftigt sich intensiv mit Erziehung, Ausbildung, Haltung und Fütterung seines Pferdes, um mit der Natur in Einklang leben zu können. Das Pferd ist ein Teil dieser Natur, die vom Menschen eine bedürfnisorientierte Anpassung verlangt, ohne die ein harmonisches Zusammenleben nicht möglich ist.

Dieses Buch richtet sich an alle Einsteiger in die Wanderreiterei und lebt von den praktischen Erfahrungen der Autoren, die seit über 10 Jahren Wanderreit-gruppen im In- und Ausland führen. Wohl jeder Reiter hat schon davon geträumt, sich von allen Zwängen und Regeln zu lösen; möchte jenseits der Zivilisation mit dem Partner Pferd Natur erleben, entdecken und spüren, Lagerfeuerromantik genießen, neue Menschen und Regionen kennenlernen. Jeder Ritt bleibt als unvergeßliches Erlebnis in Erinnerung, in der neben den Strapazen und ungeahnten Gefahren zumeist die positiven Ereignisse dominieren.

Ein Wanderritt ist in unserem hektischen und industrialisierten Zeitalter eines der letzten Abenteuer.

Robert Claus, Sabine Schmitt

Gewidmet
*den Kindern Annika, Daniel und Julian,
deren Zukunft von einem
verantwortungsbewußten Umgang
mit Tieren und der Natur geprägt sein soll.*

Wanderreiten – eine Philosophie

Wanderreiten oder das Reisen zu Pferd erlebt seit geraumer Zeit eine erstaunliche Renaissance.

Computer, High-Tech, Multi-Media, Gleitzeiten, Teilzeitarbeit, Schichtdienst – die Nacht wird zum Tag. Verloren geht das Zeitgefühl für naturgemäße Tagesabläufe. Frühlung, Sommer, Herbst und Winter werden nach den für den Konsum wichtigen Werten eingeteilt. Nach Weihnachten liegen die ersten Ostereier in den Auslagen, im Februar dreht sich alles um die närrische Zeit, anschließend denkt man an den Osterputz, und dann folgt bald die Vorbereitung auf die schönsten Wochen im Jahr, den wohlverdienten Sommerurlaub. Kaum zurückgekehrt, beginnt der Run auf ausgefallene Weihnachtsgeschenke. Dazwischen liegen Frühlings-, Sommer- und Herbstfeste und natürlich die obligatorischen Geburtstagsfeiern.

Aber es gibt auch noch die anderen. An der Schwelle zum neuen Jahrtausend beginnen zahlreiche Menschen, sich über Zukunft, Umwelt und die schnelllebige Zeit ernsthaft Gedanken zu machen. In den späten 60er Jahren prägten die amerikanischen Hippies den Begriff »Zurück zur Natur«. Heute spricht man vom »bewußten Umgang mit der Natur« oder »bewußten Erleben der Natur«.

Zahlreiche Reiter haben sich diese Leitsätze zu eigen gemacht. Sie verließen die staubigen Hallen und beendeten ihre endlosen Runden auf dem Dressurplatz. Sie sind unterwegs auf einsamen Wegen und Pfaden, lassen die Uhr zu Hause und freuen sich über jede Minute, in der sie mit ihrem vierbeinigen Freund unterwegs sind.

Presse, Fernsehen und Film sind inzwischen ebenfalls auf die Bedeutung individueller Freizeitgestaltung aufmerksam geworden. Berichtet wird über jede ausgefallene Sportart. So tauchen immer häufiger Artikel und Sendungen über das Wanderreiten auf. Bis ins Detail wird alles genau beschrieben, Infos klären über Möglichkeiten, Veranstalter und das gesamte Know-how auf. Zwar gelang den Freizeitreiterverbänden, wie dem »Ersten Trekking Club Deutschlands« (ETCD) und der »Vereinigung der Freizeitreiter Deutschlands« (VFD), nie der große Durchbruch mit ihren Ideen, aber durch gezielte Informationen der Fachpresse, wie »Freizeit im Sattel«, »Pegasus« oder »Traumpferde«, begann ein Umdenken bei sehr vielen Pferdeliebhabern.

Früher wurden Wanderreiter als »Paradiesvögel« in der Reitszene belächelt, aber die Zeiten haben sich geändert. Heute ist fast jedem Reiter bewußt, daß

Wanderreiten eine besondere Herausforderung für Pferd, Reiter und Ausrüstung darstellt und in gewisser Weise mit Leistungssport durchaus zu vergleichen ist.

Auf stillen Pfaden erleben Wanderreiter mit ihren Tieren die Natur pur und haben so den Ausstieg aus der Konsumgesellschaft geschafft. Der Blick zur Uhr verliert dann immer mehr an Bedeutung, die 20-Uhr-Nachrichten oder die aktuellen Fußballergebnisse sind plötzlich Nebensache – der Wanderreiter lebt in einer anderen Welt mit eigener Philosophie.

Das Pferd wird wieder Bindeglied zur Natur. Auf dem Pferderücken bekommt der Wanderreiter einen völlig neuen Blickwinkel für die Umgebung. Der Mensch lernt das Tier nicht als Sportgerät schätzen, sondern als Lebewesen mit eigenen Empfindungen und Bedürfnissen. Das Ohrenspiel des Pferdes wird zum Seismographen: Steht ein Rudel Rehe im Unterholz, oder kommen Wanderer um die nächste Kurve? Alles wird sofort registriert, und ein aufmerksamer Reiter freut sich über jedes Signal.

Der Mensch lernt auf die Bedürfnisse des Partners einzugehen, denn der Kumpel soll ihn möglichst über viele tausend Kilometer unbeschadet tragen. Das Tier bekommt eine artgerechte Unterbringung in einer Herde, hat einen Offenstall mit einer großen Weide zum Toben und Wälzen.

Die Krönung eines mehrtägigen Rittes ist ein großes Fest unter Gleichgesinnten am Ende der Reise. Nach einer Woche der Abgeschiedenheit und zahlreichen Abenteuern freuen sich Reiter und Begleiter auf ein großes Treffen mit zahlreicher Beteiligung. In angenehmer Atmosphäre und guter Gesellschaft werden am Lagerfeuer Erfahrungen ausgetauscht, alte Folksongs gesungen und immer wieder über den treuen Partner – das Pferd – diskutiert. Solche Feste sind ein schöner Brauch mit uralter Tradition, ohne diese Veranstaltungen würde das Wanderreiten immer noch ein Mauerblümchendasein fristen.

Das Wanderreitpferd

Bestimmte charakterliche und körperliche Eigenschaften sind für ein Wanderreitpferd wünschenswert. Je mehr das Tier dem Ideal entspricht, um so mehr Anforderungen können gestellt werden. Verschiedene Eigenschaften können das Ergebnis der Zucht oder einer guten Ausbildung sein, oder sie gehören zum Charakter des Pferdes. Denn jedes Pferd ist und bleibt ein Individuum mit persönlichen Charaktereigenschaften.

Grundsätzlich ist also jedes Pferd mehr oder weniger geeignet für das Wanderreiten. Auf jeden Fall müssen die Anforderungen dem Tier angepaßt werden.

Alter

Da jeder Wanderritt individuell nach den Bedürfnissen von Pferd und Reiter gestaltet wird, können junge Pferde ebenso erfolgreich teilnehmen wie alte Tiere. Ein Pferd, das mit vier Jahren eingeritten wurde, sollte etwa ein Jahr lang in mäßigem Tempo im Gelände geritten werden. Es soll lernen, sich auszubalancieren und Geländeschwierigkeiten zu bewältigen.

Nach einer Grundkonditionierung können junge Tiere bereits mit fünf Jahren auf Wanderritte gehen. Am Anfang sollten jedoch Tempo und Reitstrecken noch am unteren Limit angesiedelt werden (z.B. 20 Kilometer in sechs Stunden). Viele Veranstalter von Wanderreitertreffen (Sternritte) schreiben für die teilnehmenden Pferde ein Mindestalter von fünf oder sechs Jahren vor.

Ein Höchstalter für die Teilnahme an Wanderritten gibt es nicht. Manche Pferde sind mit 20 Jahren schon reif für die Rente, während andere im gleichen Alter sogar noch Distanzritte unternehmen.

Rasse

Die Rasse eines Pferdes sagt viel über seine körperlichen und geistigen Eigenschaften aus. Sie ist das Ergebnis einer Zucht, in der Menschen bestimmte erwünschte Merkmale komprimieren wollen.

Es gibt spezielle Rassen für den Dressur- oder Springsport sowie auf Kraft (Zug-Arbeitspferde) oder Geschwindigkeit (Rennpferde) ausgerichtete Rassen. Andere wiederum verfügen über besondere Gangarten wie Tölt und Paß. Daher sind für bestimmte Anforderungen auch bestimmte Rassen zu bevorzugen.

Jeder Reiter sollte sich also vorher genau überlegen, welche Anforderungen er an sein Pferd und sich selbst stellen wird.

Während für den Dressurreiter ein Stellungsfehler bereits eine mittlere Katastrophe bedeuten kann, fällt dies für den Wander- und Freizeitreiter wesentlich weniger ins Gewicht. Denn er stellt ganz andere Ansprüche an sein Pferd.

Auf jeden Fall muß das Tier absolut gesund sein. Häufig werden ausgemusterte Sportpferde für die Wanderreiterei angepriesen. Jedoch werden diese Pferde den Anforderungen an einen Wanderritt kaum gerecht. Denn Wanderreiten ist Leistungssport. Und ein Leistungssportler muß völlig gesund sein.

Das ideale Wanderreitpferd: kurzer, kräftiger Hals; breite Brust; quadratischer Körperbau; kräftige Hinterhand und korrekte Beinstellung.

Exterieur

Als Exterieur bezeichnet man das äußere Erscheinungsbild eines Pferdes. Hierzu gehören die Vorhand (Kopf, Hals Vorderbeine), die Mittelpartie (Widerrist, Kruppe) und die Hinterhand (Kruppe, Hinterbeine).

Das Exterieur ist je nach Rasse sehr verschieden. Es ist einerseits geprägt durch die Zucht, über die der Mensch die Pferde seinen Anforderungen entsprechend anpaßt.

Das Exterieur wird aber auch durch den natürlichen Lebensraum des Pferdes geprägt. Das arabische Pferd lebte ursprünglich in sehr heißen Regionen mit extrem hohen Temperaturunterschieden, während Islandpferde bei minus 20 Grad und Schneestürmen problemlos zurechtkommen. Beide Pferderassen sind zwar nicht besonders groß, aber

äußerlich dennoch grundverschieden. Hier stellt sich insbesondere für den Wanderreiter die Frage: Wie werde ich meine künftigen Wanderritte gestalten?

● Lange und schnell gerittene Tagesetappen ohne Gepäck, aber mit Begleitfahrzeug:

Hier scheinen Araber, Achal-Tekkiner oder Vollblüter die beste Wahl zu sein, also Pferde mit schräger Schulterstellung, denn dadurch ist der Gang wesentlich raumgreifender. Pferde mit steiler Schulterstellung neigen dagegen zu mehr Aktion im Knie.

● Ohne Troßfahrzeug, also mit voller Ausrüstung am Pferd, für zwei, drei Tage oder Wochen unterwegs:

Dann sollte sich der Reiter für einen robusten Gewichtsträger entscheiden. Unter den kleineren Pferden sind Isländer, Fjord- oder Welsh-Ponys sehr beliebt. Aber auch stabile Warmblüter wie Freiberger oder Trakehner eignen sich gut.

● Werden die Wanderritte eher in ebenem Gelände durchgeführt oder in den Bergen?

Haflinger kommen beispielsweise mit bergigem Gelände sehr gut zurecht, während Traber eher flaches Land bevorzugen. Bei Pferden, die aus besonders trockenen und sandigen Gegenden stammen (z.B. importierte Criollos aus Argentinien oder Mangalargas aus Brasilien), wurden häufig Sehnenentzündungen beobachtet, wenn sie in regenreiche und damit matschige, lehmige Regionen Deutschlands umgezogen sind. Nasse, rutschige Wiesen sind diesen Pferden, die vorwiegend trockene Steppenlandschaft gewohnt sind, unbekannt. Diese Tiere benötigen etwa ein Jahr, um sich den veränderten Lebensumständen anzupassen.

Eine Anpassung funktioniert aber nicht immer. Viele Isländer, die aus ihrem kalten und damit insektenfreien Lebensraum in wärmere Gebiete importiert wurden, leiden unter dem Sommerekzem mit fatalen Entzündungen der Haut. Starke Medikamente lindern zwar die Symptome, aber nicht die Ursache.

Daher sollte man beim Kauf eines Pferdes nicht nur auf Belastbarkeit, Tragfähigkeit, Muskulatur und Gangwerk achten, sondern auch dessen natürlichen Lebensraum und die Anpassungsfähigkeit berücksichtigen.

Interieur

Darunter versteht man die geistigen Eigenschaften und damit die Psyche des Pferdes.

Die Psyche des Pferdes ist geprägt von Trieben, Instinkten, Reflexen, Empfindungen, Gefühlen und Charaktereigenschaften. Durch Wahrnehmung und Gedächtnis erwirbt das Pferd eine Erfahrung, die es mit einer erneuten Wahrnehmung verbindet. Der häufigste Grund für den Weiterverkauf eines Freizeitpferdes sind Probleme mit dem Interieur. Pferd und Reiter müssen sich verstehen und miteinander auskommen.

Bei der Auswahl des geeigneten Wanderreitpferdes sind Charaktereigenschaften wie Nervenstärke, Ausgeglichenheit, Vorwärtsdrang, Mut, Selbstbewußtsein und Führungsqualitäten sehr wünschenswert.

Der Pferdebesitzer muß lernen, die Psyche seines Tieres zu beobachten und zu berücksichtigen. Nur so kann die Zusammenarbeit mit dem Tier harmonisch verlaufen.

Exterieur des Wanderreitpferdes

- mittlere Größe
- quadratischer Körperbau
- kurzer, stabiler Rücken
- schräge Schulter
- wenig Widerrist

Interieur
- nervenstark
- natürlicher Vorwärtsdrang

Diese Eigenschaften sind bei jedem Pferd mehr oder weniger stark ausgeprägt. Sie bilden die Basis für das Wanderreitpferd. Mit entsprechend pferdegerechter Erziehung, Ausbildung, Pflege, Fütterung und Haltung kann sich jeder sein Traumpferd selbst schaffen. Die individuelle Veranlagung muß erkannt und gefördert werden.

Dazu ein **Beispiel:**
Das Pferd hat nach einem Menschen ausgetreten!

Wie kam es dazu?

Grund A:
Das Pferd war den ganzen Winter in seiner Box und wurde reichlich gefüttert. Aus lauter Übermut hat es beim Führen auf die Frühjahrskoppel ausgekeilt und den Führer getroffen. Dies war eine Reaktion auf einen Trieb, nämlich den Bewegungsdrang. Dieser Triebstau kann durch Veränderungen in der Haltung oder Fütterung verhindert werden.

Grund B:
Das Pferd wird von einem unerfahrenen Menschen unvorsichtig berührt, erschrickt und tritt aus. Der Tritt war eine Reflexhandlung, die abgestellt wird, indem man das Tier künftig vorher anspricht, ehe man es berührt.

Grund C:
Der Tierarzt wird mit einem Huftritt begrüßt, denn er hat beim letzten Besuch Schmerzen zugefügt, die das Tier nicht vergessen hat. Das Pferd hat hier bewußt kombiniert, d.h., es erinnerte sich an Schmerzen in Zusammenhang mit diesem Menschen. Darauf muß sich der

Tierarzt bei weiteren Behandlungen einstellen.

Grund D:
Das Ausschlagen als eine Untugend des Pferdes. Diese Charaktereigenschaft hat ihre Ursache in Aggression, Angst, Vererbung oder Erziehung.

Dieses Beispiel zeigt, wie wichtig es ist, sich ausreichend über die Psyche des Pferdes zu informieren.

Sensible Pferde reagieren heftiger bei unerwarteten Geländeschwierigkeiten. Sie brauchen einen besonnenen, ausgeglichenen Reiter, den so leicht nichts aus der Ruhe bringt. Diese Einstellung wird auch das Pferd beruhigen.

Nervöse, angespannte oder sogar ängstliche Reiter sollten sich für entsprechend ruhige und nervenstarke Pferde entscheiden.

Dabei bringt allein die Rasse nicht immer die Erkenntnis über die Psyche. Es gibt auch schläfrige Araber und rennwütige Fjordpferde. Beim Kauf eines bereits älteren und gerittenen Pferdes sollte bedacht werden, daß dieses Tier neben seinem Erbgedächtnis auch viele Erfahrungen gespeichert hat, die seine Psyche geprägt haben. Was sich für den

Vorbesitzer als das ideale Wanderreitpferd abzeichnete, kann für den neuen Besitzer zum Alptraum werden.

Aber mit viel Liebe, Zeit, Pferdeverstand, artgerechter Haltung und Fütterung kann auch das Vertrauen eines schwierigen Pferdes erlangt werden.

Geschlecht

Der **Hengst,** imposant, beeindruckend und Ausdruck absoluter Männlichkeit, hat schon so manchen Reiter zum einsamen Menschen gemacht. Besonders Besitzer von Stuten gehen der geballten Manneskraft aus dem Weg.

Grundsätzlich sind Hengste keine einfachen Reittiere, außer man richtet sich nach ihren Ansprüchen.

Ein Hengst kann meist ohne Probleme gemeinsam mit seiner Herde geritten werden. Hier ist die Rangordnung bereits geregelt. Problematischer sind Ausritte mit fremden Pferden, Reitkurse oder Wanderreittreffen. Hier gibt es für den charakterstarken Hengst zahlreiche eroberungswürdige Stuten und konkurrierende Hengste oder Wallache. Ebenso zu berücksichtigen sind die Unterstellmöglichkeiten. Ein Hengst wird sich kaum auf einer in Paddocks abgetrennten Weide vom Besuch anderer Pferde abhalten lassen. Also muß er in einer sicheren Box untergebracht werden, weit weg von den neuen Kumpels, an die er sich gerade gewöhnt hatte. Hier wird er unter Umständen randalieren und damit nicht nur die anderen Pferde im Stall aufregen, sondern sich vielleicht sogar selbst verletzen. Es gibt auch Hengste, die sich völlig ausgeglichen verhalten. Aber selbst so ein Hengst wird rossende Stuten in seiner Umgebung kaum unbeachtet lassen. Er stellt für sich, seinen Reiter und fremde Rittteilnehmer immer ein erhöhtes Sicherheitsrisiko dar.

Die **Stute** ist zwar genauso wie der Hengst einem Sexualtrieb unterworfen, der sich aber in der Regel weniger heftig äußert. Ihre Stimmung kann durch die mehrere Tage andauernde Rosse beeinflußt werden. Die Rosse beginnt im Frühjahr und dauert bis in den Sommer hinein, alle drei bis vier Wochen ist die Stute dann für eine Befruchtung empfänglich. Manche Stuten haben auch im Herbst eine zweite Rosseperiode. Während der Rosse sollen an die Stute keine gravierenden körperlichen oder seelischen Ansprüche gestellt werden.

Das beliebteste Geschlecht, obwohl es eigentlich gar keins mehr ist, ist der **Wallach.** Einem Wallach wurde durch die Kastration nicht nur die Fähigkeit zur Fortpflanzung genommen, sondern auch jedes Gefühl der sexuellen Erregtheit. Daher reagiert er völlig gleichgültig gegenüber werbenden Stuten oder kampflustigen Hengsten.

Diese geschlechtsbezogenen Charaktereigenschaften betreffen zwar die Mehrzahl der Tiere, aber es gibt auch Ausnahmen.

Beispielsweise wurden schon Stuten beobachtet, die ein hengstähnliches Verhalten an den Tag legten, und Hengste, die ausgesprochen ruhig und ausgeglichen auf fremde Tiere reagierten.

Ein Pferd kann somit nicht nur nach seinem Geschlecht beurteilt werden. Auch der individuell verschiedene Charakter muß berücksichtigt werden.

Vorbereitung von Pferd und Reiter

Training des Pferdes

Wanderreiten in freier Natur, blauer Himmel, nicht zu heiß, ein trainiertes Pferd: Traum und Klischee zugleich.

Der Wanderritt bedarf einer sorgfältigen und längerfristigen Planung. Besonders die Tiere müssen auf die neue Anforderung und größere Belastung vorbereitet werden. Wanderreiten bedeutet nicht einen Ausritt von zwei bis drei Stunden, sondern zieht sich über einen oder mehrere Tage hin.

Wichtig: Der Spruch vieler Freizeitreiter »Die laufen sich schon ein ...« wird allein schon durch die Tatsache widerlegt, daß bei zahlreichen Wanderritten mit abschließender tierärztlicher Untersuchung bis zu 70 Prozent der Tiere Lahmheiten oder Satteldruck aufwiesen,

Reifen sind ein gutes Hilfsmittel, um die Trittsicherheit des Pferdes zu üben.

obwohl sie nur ein bis drei Tage unterwegs waren.

Wer sein Pferd gesund ans Ziel bringen will, beginnt also frühzeitig mit einem speziellen Training zur Konditionierung des Tieres. Voraussetzung ist eine solide Grundausbildung, die mit Führarbeit, Hufegeben, dem richtigen Anbinden sowie der allgemeinen Erziehung ihren Anfang nimmt. Ein Pferd, das beim Aufsteigen unruhig steht, blamiert nicht nur den Besitzer, sondern sorgt auch für Disharmonie in der Reitgruppe.

Zu besonderem Streß kommt es auch oft, wenn der vierbeinige Kamerad geführt wird, wie zum Beispiel auf Asphaltpisten oder groben Schotterwegen. Immer wieder sieht man Reiter, die das Pferd krampfhaft am Halfter oder gar an den Zügeln hinter sich herziehen oder festhalten.

Außerdem sollte das Tier gelernt haben, in den Pausen angebunden zu stehen, ohne ständig herumzuhampeln. So kann es sich entspannen und für den Weiterritt erholen. Ständiges Zappeln kostet Kraft. Die Erholungsphasen von Pferd und Reiter reduzieren sich so auf ein Minimum, und der Wanderritt nimmt schnell negative Formen an.

Eine hilfreiche Ergänzung der allgemeinen Ausbildung des Pferdes ist die **Dressurarbeit** in der Bahn, dem Round-Pen oder im Trail-Parcours.

Das Tier muß durchlässig sein und gymnastiziert werden, so daß es sich auf langen Strecken in Selbsthaltung tragen kann.

Auf jedem Wanderritt gibt es unzählige Situationen, in denen Durchlässigkeit, Balance und konzentrierte Mitarbeit des Pferdes absolut notwendig sind:

- Ein Weg wird zum Engpaß.
- Das Pferd muß Steilhänge hinauf- oder hinunterklettern,
- einen umgestürzten Baum übersteigen,
- einen Fluß/Bach durchwaten.
- Der Weg führt über einen schmalen Steg ohne Geländer oder über eine Autobahn-/Eisenbahnbrücke.
- Es gilt, einige Treppenstufen zu überwinden oder millimetergenau durch eine Barriere zu manövrieren.
- Auch das Wechseln der Position innerhalb der Gruppe oder das Wegreiten von der Gruppe bereitet oft unvorhergesehene Schwierigkeiten.

In all diesen Situationen muß das Pferd durchlässig auf Hilfen oder Signale reagieren. Oft genug ist dabei der angeborene Fluchtreflex zu überwinden, wenn eine schwierige Wegpassage, ein überraschender Moment nicht zur Gefahr werden soll.

Aus diesen Gründen ist es wichtig, sein Tier auf möglichst viele Hindernisse vorzubereiten. Wenn es dann auch noch durch Dressurübungen genügend gymnastiziert ist, wird es um so besser klettern, rückwärtstreten, balancieren können.

Einen Wanderritt unbeschwert genießen können Pferd und Reiter, wenn das

Oben links: Aus einem guten Hut kann ein Pferd fressen und saufen.
Oben rechts: Eine sehr durchdachte Variante eines Wanderreitsattels. Bequeme Sitzfläche und viele Möglichkeiten, das Gepäck unterzubringen.
Unten: Der »Trekker« gehört zu den besten Wanderreitsätteln und hat ein gut durchdachtes System.

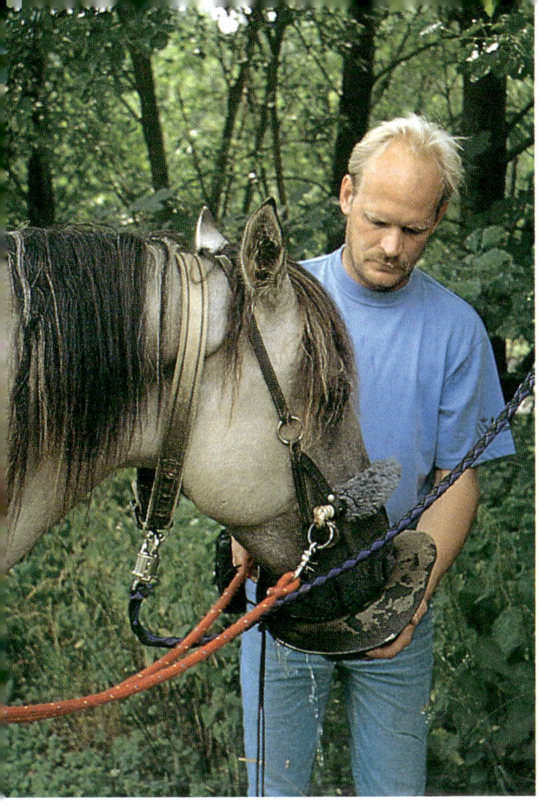
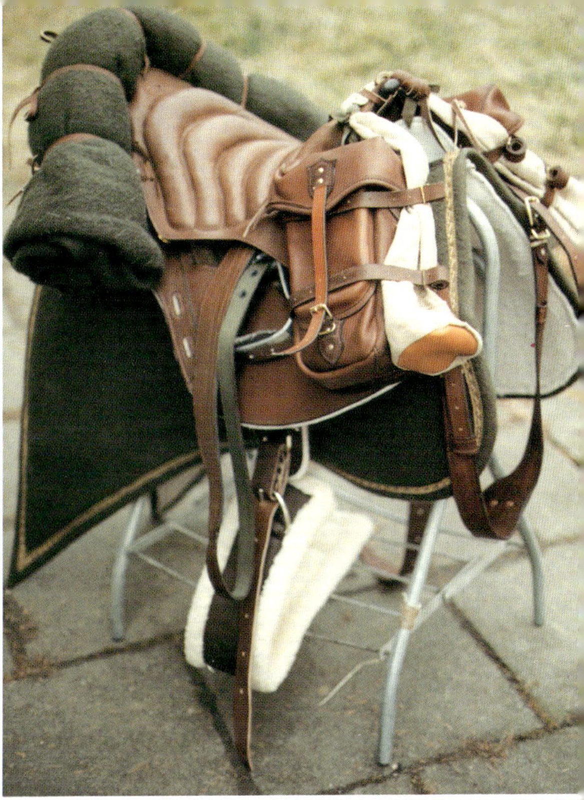
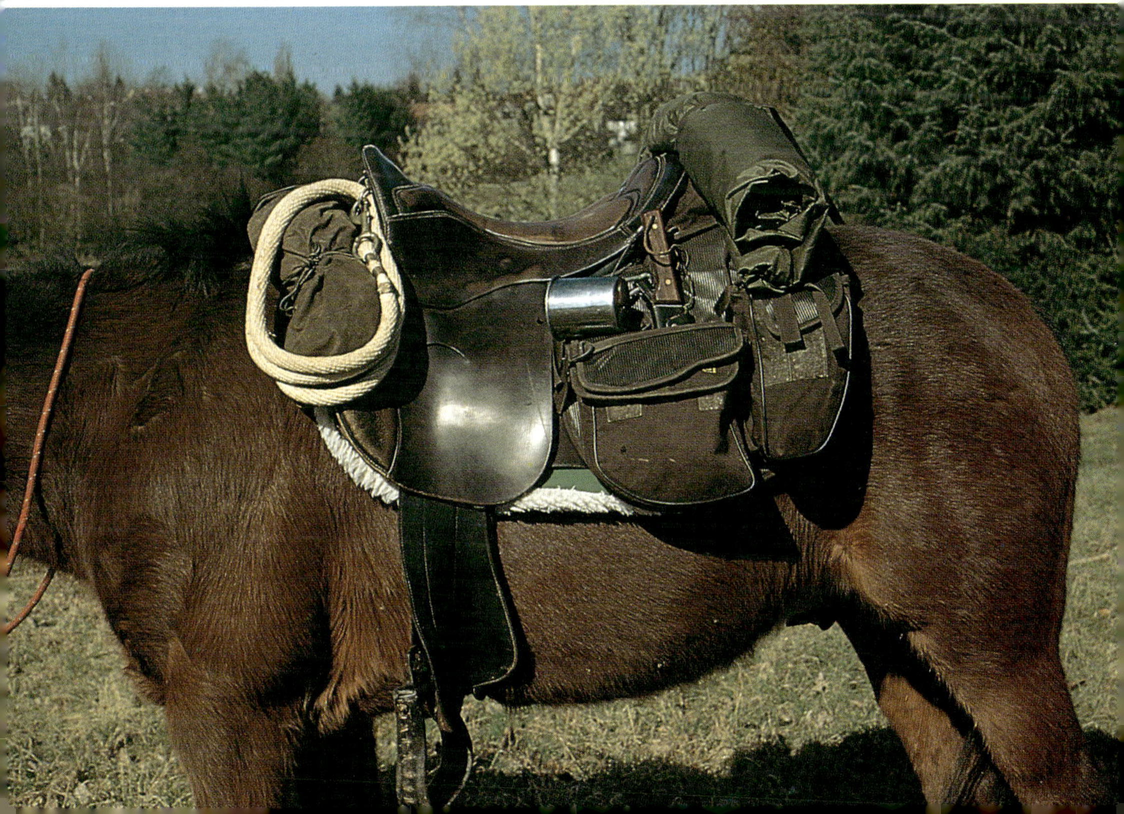

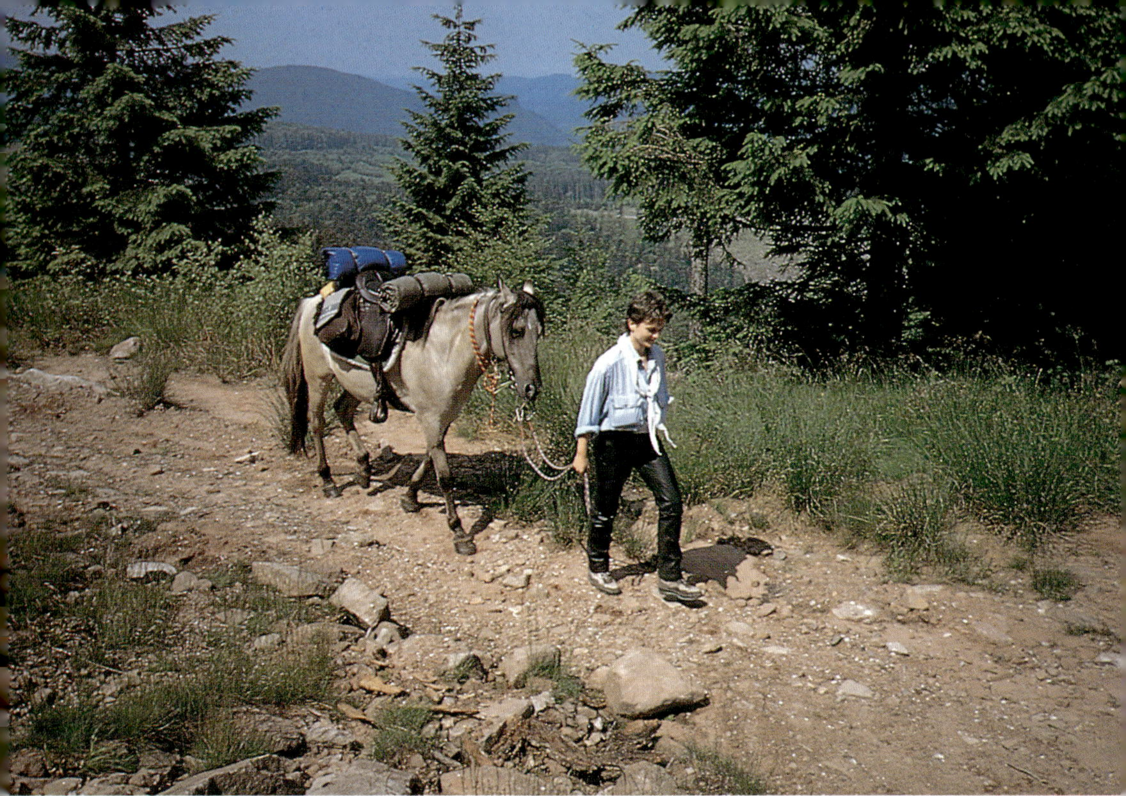

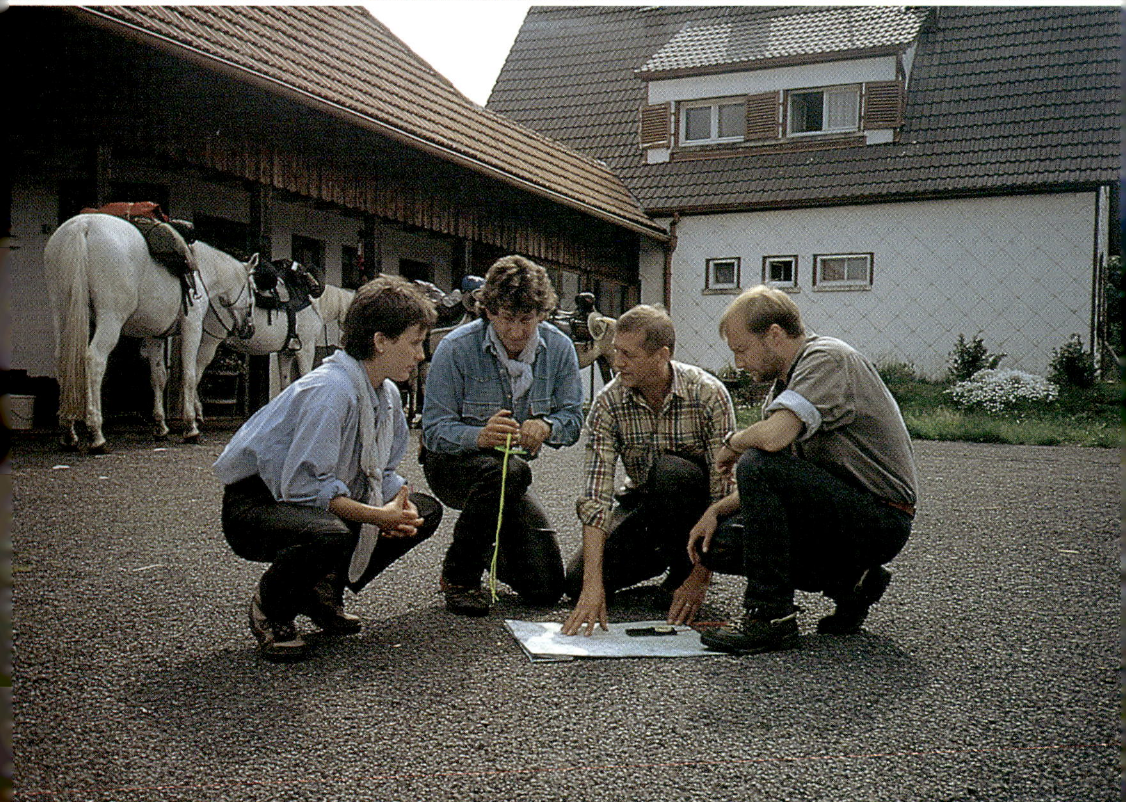

Tier neben einer korrekten Grundausbildung auch ausreichend **konditio-
niert** ist.

Das folgende Trainingsprogramm hat
sich seit Jahren bewährt. Keines der so
ausgebildeten Tiere hatte nennenswerte
Probleme, einen Wanderritt unbeschadet zu überstehen.

Im **März/April** wird viel Schritt geritten (zwei bis drei Stunden); die Trabphasen dauern höchstens drei bis fünf
Minuten; die Strecke sollte zwischen 10
und 15 Kilometer betragen. Je nach
Witterung ist das Pferd vier- bis fünfmal
pro Woche im Gelände.

Oben: Auf stillen Pfaden im Einklang mit
der Natur fühlt sich diese Wanderreiterin
sichtlich wohl.
Unten: Bevor es losgeht, wird gemeinsam
die Tagesetappe besprochen und die Karte
eingenordet.

Das Pferd sollte bereits zu Beginn seiner
Ausbildung mit verschiedenen Übungen
Vertrauen zu seinem Reiter aufbauen.

Nach diesem Anfangsprogramm sind
die Tiere **nach zwei bis drei Wochen** so
fit, daß größere Belastungen in Angriff
genommen werden können. Damit das
Training nicht monoton wird, sollten
drei bis vier Strecken mit einer Länge
von 15 bis 20 Kilometer ausgewählt
werden. Das Training kann folgendermaßen gestaltet werden:
  5 Minuten Trab – 15 Minuten
Schritt, bis zu zwei Stunden. Die Trab-
distanz wird, je nach Verfassung, täglich
gesteigert, z.B.
  8 Minuten Trab – 15 Minuten Schritt
10 Minuten Trab – 15 Minuten Schritt
15 Minuten Trab – 15 Minuten Schritt
15 Minuten Trab – 10 Minuten Schritt
15 Minuten Trab – 5 Minuten Schritt

Bis **Ende April** sind die Pferde meistens in der Lage, 45 bis 60 Minuten durchzutraben, und haben anschließend einen Pulswert von 68 bis 72 pro Minute. Nach einer zehnminütigen Schrittpause liegt die Pulsfrequenz zwischen 58 und 64.

Zwischendurch gibt es immer wieder Tempowechsel im langsamen Galopp oder über zwei bis drei Kilometer einen schnelleren Trab. Diese Tempowechsel sind wichtig, damit die Pferde lernen, ihre Kraft einzuschätzen. Es gehört zum Ausdauertrainingsprogramm, daß die Tiere das jeweils vorgegebene Tempo einhalten, ohne schneller zu werden und dadurch unnötig Kraft zu verbrauchen. Grundsätzlich bestimmt der Reiter das Tempo, und das Pferd sollte in jeder Geschwindigkeit gleichbleibend locker gehen.

An Wochenenden wird die Streckenlänge auf 25 bis 30 Kilometer im bekannten Gelände ausgedehnt, das Tempo reduziert sich dann deutlich, und die Reitzeit wird mit den entsprechenden Pausen auf fünf bis acht Stunden ausgedehnt. Dies entspricht dann den Anforderungen eines eintägigen Wanderrittes.

Wichtig ist die ständige Kontrolle des

Trainingsplan für junge Pferde

Das junge, lediglich angerittene Pferd sollte ab März auf einer Strecke von 10 bis 15 Kilometern in folgendem Rhythmus trainiert werden:
1. 30 Minuten Schritt – 5 Minuten Trab – die Strecke wird in ständigem Wechsel dieser Gangarten vier- bis fünfmal in der Woche auf unterschiedlichem Geläuf geritten.
2. Nach zwei bis drei Wochen wird die Strecke auf 20 Kilometer ausgedehnt. Die Trabpassagen betragen noch immer 5 Minuten, während die Schrittphase auf 15 Minuten gekürzt wird.
3. Ab der vierten Woche wird die Trabphase kontinuierlich gesteigert:
10 Minuten Trab – 15 Minuten Schritt
15 Minuten Trab – 15 Minuten Schritt
10 Minuten Trab – 15 Minuten Schritt
25 Minuten Trab – 10 Minuten Schritt
30 Minuten Trab – 10 Minuten Schritt
30 Minuten Trab – 0 Minuten Schritt

Nach 4 bis 5 Wochen Training sollte der Puls nicht höher als 72 Schläge/Minute sein, ansonsten sind einzelne Trainingsphasen zu wiederholen.

Die Strecke wird sechsmal in der Woche geritten, dabei möglichst auf abwechselnde Streckengestaltung achten, damit das Pferd nicht sauer wird beziehungsweise alle Tempiwechsel von allein ausführt.

Galoppassagen von 1 bis 2 Kilometern können eingebaut werden. Um Sehnen und Muskulatur an unterschiedliche Beanspruchung zu gewöhnen, ist ein ständiger Wechsel des Geläufs von geschottertem, sandigem, unebenem und Wiesenuntergrund sinnvoll.

Ziel des Trainings ist eine durchgehende Trabphase von 30 bis 40 Minuten in Tempo 3 bis 4, mit einer Pulsfrequenz von 72 (nach zehn Minuten allerdings nur noch 58 bis 64).

Pferd und Reiter müssen sich über den Ausbildungs- und Trainingsplan einig sein.

Tieres, um es nicht zu überfordern. Genau wie wir Menschen fühlen sich Pferde manchmal unwohl oder haben keine Lust, ein großes Trainingsprogramm durchzuziehen. Deutliche Signale der Unlust sind zum Beispiel zähes Schrittgehen, ständiges Umspringen vom Trab in den Galopp oder ein insgesamt steifes Verhalten in allen Gangarten.

Der Reiter sollte darauf achten, gegebenenfalls nur einen kleineren Spaziergang zu Pferd machen und das Tier nach einer Stunde wieder auf die Koppel zu seinen Kameraden entlassen.

In diesem Zusammenhang steht auch die **Auswahl des Geländes**.

Es sollten alle gängigen Schwierigkeiten vorkommen, damit sich die Pferde an neue Situationen gewöhnen. Die Routen sollten vielbefahrene Straßen beinhalten, durch Ortschaften, Städte mit Ampelverkehr und, wenn möglich, durch Industriezonen führen. Natürlich geht es bergauf und bergab, durch Wasser sowie durch schmale und enge Passagen. Mal ist der Untergrund naturbelassen und weich, es werden aber auch harte, feinkörnig geschotterte Wege getrabt. So können alle Probleme, die in unbekanntem Gelände auftauchen, ohne große Gewissensbisse (»Schafft mein Pferd diese Strecke überhaupt?«) gemeistert werden.

Training des Reiters

Bei allen Diskussionen um den Freizeitpartner Pferd kommt ein Thema viel zu kurz – die körperliche Fitneß des Reiters!

Ein Wanderritt, auch wenn er nur einen Tag dauert, stellt neben den reiterlichen Fähigkeiten auch eine gewisse Anforderung an die Kondition der Reiter.

Ein Ausritt von zwei bis drei Stunden dürfte wohl für einen geübten Reiter kein Problem darstellen. Schwieriger wird es, wenn der Ausflug zu Pferd acht Stunden und länger dauert.

Bergauf und bergab, auf Asphalt- und Schotterpisten wird geführt, und die Schweißtropfen rinnen dem Wanderreiter den Nacken hinunter. Oft muß das Tier gezogen oder gebremst werden, und das kostet den Reiter zusätzlich Kraft. Je mehr Energie aufgebracht werden muß, desto eher tritt eine Ermüdung ein.

In unbekanntem Gelände kommen neue Eindrücke hinzu, die mental verarbeitet werden, ein neuer Tagesrhythmus und Witterungseinflüsse sind weitere Faktoren, die das Wohlbefinden des Reiters oft negativ beeinflussen.

Dauert der Ausflug zwei oder mehr Tage, zehrt eine unruhige Nacht im ungewohnten Heulager an den Kräften des Reiters. Am Nachmittag gab es noch ein längeres Verreiten, und schon wird über jede Kleinigkeit gemeckert. Und überhaupt – der beste Freund nervt sowieso schon den ganzen Tag mit seinen blöden Witzen, und an allen nicht bewältigten Schwierigkeiten ist der Führer schuld!

Die Fehler werden dann überall gesucht, nur nicht bei sich selbst. Dabei sind alle Mängel oft auf die fehlende eigene Kondition zurückzuführen. Ein Wanderritt bedeutet eben eine große körperliche Anstrengung, auch für den Reiter. Wer vorhat, sich häufiger den Strapazen eines Wanderrittes zu stellen, kommt nicht umhin, auch den eigenen Körper fit zu machen oder im Training zu halten.

Nicht der Leistungssport ist das Ziel, sondern eine allgemeine Ausdauer, damit der Reiter beim Eintreffen im Quartier noch ein Lächeln auf den Lippen hat und einen zufriedenen Eindruck macht.

Die Erfahrungen haben gezeigt, daß es genügt, wenn man

- eine Laufstrecke von fünf Kilometer in 30 Minuten schafft,
- 1000 Meter im Schwimmbad in 25 bis 30 Minuten zurücklegt oder
- zwei Stunden durchradeln kann.

Nach einem kontinuierlichen Training von fünf bis sieben Wochen ist auch der Büromensch in der Lage, diese Zeiten zu erreichen. Beim Training sollte der Puls nicht über 160 gehen und sich nach drei bis fünf Minuten bei 120 einpendeln.

Bei Lauftreffs oder in Fitneß-Studios gibt es Anleitungen und Trainingspläne, die vernünftig aufgebaut sind, so daß es nicht zu Überlastungen des Körpers kommt.

Wer ganz sicher gehen will, sollte sich vor einem Training von seinem Arzt durchchecken lassen.

Geistige Vorbereitung des Pferdes

Zu den besonders ausgeprägten Charaktereigenschaften eines Pferdes gehört die Sensibilität.

Pferde sind sensibel für jegliche Veränderungen in ihrer Umgebung, ihren Lebensgewohnheiten und natürlich auch im Hinblick auf die Menschen.

Pferde können, wie viele andere Tiere, sogar Adrenalin »riechen«:

Hat der Mensch Angst, so schüttet der Körper vermehrt Adrenalin aus. Pferde nehmen dies wahr und reagieren entsprechend. Entweder werden die Tiere nervös, oder sie lassen einen ängstlichen Menschen ihre Überlegenheit spüren.

Besonders während eines Wanderritts sollten Reiter und Pferd psychisch ausgeglichen sein. Für fast jede Situation, auch wenn sie anfänglich noch so aussichtslos erscheint, gibt es eine Lösung.

Schmale Brücken, enge Wege, Felsüberhänge, Steilhänge und Windbruch sind kein Problem, sofern das Pferd ruhig, ausgeglichen und ohne jede Panik an solche Hindernisse herangeht und sie im Vertrauen auf seinen Reiter bewältigt.

Jeder Reiter kann unvorhergesehene Situationen bereits daheim mit seinem Pferd üben. Eine normale Heimstrecke kann durch ein paar Veränderungen zu einem regelrechten Abenteuer werden:

Anstatt, wie jeden Tag, die Brücke über den Bach zu benutzen, sollten Reiter und Pferd auch durch den Bach gehen, und das an verschiedenen Stellen. Breit ausgebaute Waldwege, wo man verträumt vor sich hin trabt und jeden Stein kennt, sollten getauscht werden gegen unwegsame Schleichwege. Von den letzten Herbststürmen liegen auf vielen Wegen noch immer entwurzelte Bäume und Äste. Hier lernt das Pferd, die Beine zu heben, vorsichtig über Baumstämme zu klettern und sich konzentriert einen Weg zu suchen.

Zeigt das Tier Panik, wird nervös oder immer schneller, so hilft der Reiter, indem er absteigt, dem Pferd Hindernisse zeigt und es daran schnuppern läßt. So überwinden Mensch und Tier nicht nur gemeinsam Schwierigkeiten, sondern auch die Angst.

Das Pferd vertraut seinem Menschen und umgekehrt. Nichts ist so wichtig, wie sich gegenseitig aufeinander verlassen zu können. Dabei muß der Reiter abschätzen lernen, welche Hindernisse sein Tier ohne Schaden bewältigen kann.

Ein Reiter darf das Vertrauen und die Gesundheit des Tieres nicht durch leichtsinnige Entscheidungen gefährden.

Auch zu Hause kann bereits viel für die psychische Vorbereitung und das gegenseitige Vertrauen getan werden.

Hilfreich ist hier ein Trail-Parcours:

Flatterbänder, nachgebaute Baustellen, Autoreifen, Ölfässer usw. werden zu einem Hindernisparcours aufgebaut. Das Pferd lernt täglich neue Dinge kennen und damit umgehen. Es kann durch enge Gassen mit Flatterband gehen, bedenkenlos mit den Hufen in liegende Autoreifen hineintreten oder über knisternde Plastikfolie gehen. Hier sind der Phantasie keine Grenzen gesetzt.

Die Übungen können anfangs am Führstrick gemacht werden, wobei der Reiter vorgeht und das Pferd in die gewünschte Richtung lenkt. Nach ein paar Wiederholungen können sämtliche Übungen auch geritten werden. So erhält das Pferd Vertrauen zu seinem Reiter und wird ihm auch in anderen Situationen bedenkenlos folgen.

Geistige Vorbereitung des Reiters

Wie das Pferd fremden Situationen angepaßt werden muß, so muß auch der Reiter sich selbst psychisch auf den Wanderritt vorbereiten. Es können schwierige Situationen eintreten: Die Strecke ist schlecht zu finden, die Quartiere sind mangelhaft, das Wetter ist schlecht.

Alles nur halb so schlimm für Menschen, die ausgeglichen, ruhig und darauf vorbereitet sind. Aber wohl kaum jemand wird sich ohne Skepsis auf einen Wanderritt begeben. Jeder fragt sich schon vorher: »Was wäre, wenn ...«

Der Mensch verbringt jede Nacht in einem anderen Bett oder in einem Heulager, er ist täglich bei neuen Gastgebern zu Hause. Vielleicht schläft es sich schlecht, vielleicht schmeckt das Essen nicht besonders. All dies sollte berücksichtigt werden. Ein Wanderritt ist kein Urlaub im herkömmlichen Sinne mit Reiseleitung und Vollpension. Man befindet sich ausschließlich und allein in der freien Natur, und viele Menschen und Tiere sind diesen Anforderungen nicht gewachsen. Man trägt täglich die Verantwortung für sich und sein Pferd. Täglich ist eine Anpassung an neue Umstände notwendig.

Aber wer sich vorher darüber im klaren ist und mit kleinen Anforderungen beginnt, die im Laufe eines Wanderrittlebens gesteigert werden, nimmt unvergeßliche Eindrücke mit nach Hause.

Ausrüstung

Die Ausrüstung ist ein wesentlicher Faktor für das Gelingen eines Wanderrittes. Sie muß gut durchdacht, funktional und erprobt sein. Alle Dinge, die übergezogen, angezogen oder sonstwie mitgenommen werden, müssen vorher eine Bewährungsprobe bestanden haben. Dies gilt im besonderen Maße für die Ausrüstung des Pferdes.

Ausrüstung für das Pferd

Sattel

In der heutigen Zeit, wo das Pferd weniger als Arbeitstier, sondern mehr der Freizeitgestaltung dient, wurden Sättel für die unterschiedlichsten Reitarten kreiert. Für Geländereiter wurden verschiedene Sättel entwickelt, die den Ansprüchen mehr oder weniger gerecht werden.

Sehr bekannt und beliebt bei den Wanderreitern in Deutschland ist der **Trekker**. Diese Weiterentwicklung eines deutsch-italienischen Militärsattels wurde für längere Wanderritte mit Gepäck konzipiert. Besonders interessant ist das Gepäcksystem. Damit die hinteren Satteltaschen nicht auf dem Pferderücken aufliegen und zudem eine ausreichende Belüftung garantiert ist, wird ein Spoiler

Der Forestier aus Frankreich ist ein beliebter Wanderreitsattel.

aus Metall am hinteren Ende des Sattels verschraubt. Auf dieser künstlichen Verlängerung des Sattels liegen dann die Satteltaschen auf.

Ebenso beliebt ist das Produkt der Firma **Forestier** aus Frankreich.

Dieser Sattel hat, ebenso wie der Trekker, eine sehr breite Auflagefläche. Außerdem wiegt er nur etwa fünf Kilogramm. Durch seine größere Nähe zum

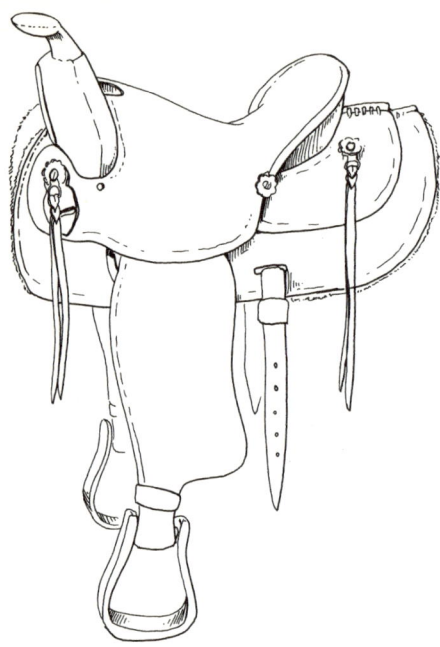

Der Westernsattel ist trotz seines hohen Gewichts zum Wanderreiten geeignet.

Eine Alternative für die Wanderreiterei sind **Westernsättel**. Mit ihrem hohen Hinterzwiesel (Cantle), dem tiefen Sitz und den zurückversetzten Steigbügeln bieten sie dem Reiter ein erhöhtes Gefühl der Sicherheit und Bequemlichkeit. Trotz des relativ hohen Gewichts (ca. 12 bis 17 Kilogramm) sind sie für den Pferderücken angenehm, da das Gewicht durch die breiten Trachten großzügig auf dem Rücken verteilt wird. Vorder- und Hinterpacktaschen sind jedoch nicht immer so gut durchdacht wie bei speziellen Wanderreitsätteln. Bei den Westernsätteln gibt es gravierende Preis- und Qualitätsunterschiede.

Die wichtigste Eigenschaft eines Sattels ist seine Paßform. Er darf nie scheuern, drücken oder in irgendeiner Weise den Bewegungsapparat des Pferdes beeinträchtigen. Außerdem muß jeder gut sitzende Sattel auch eingeritten sein, d. h., das Pferd sollte ihn im Winter und Sommer, in Trainings- und Ruhephasen tragen. Auch mit dem besten Wanderreitsattel wird das Pferd keinen Tag durchhalten, wenn er nicht eingeritten ist.

Die Entscheidung für eine bestimmte **Sattelunterlage** ist abhängig vom Verwendungszweck, vom Geschmack des Reiters und nicht zuletzt vom Geldbeutel.

Die am häufigsten verwendeten Unterlagen sind Schabracken, Decken und Pads aus Kunststoff, Lammfell oder Filz.

Schabracken eignen sich weniger für Wanderritte, da sie sehr dünn sind, den Pferdeschweiß vollständig aufnehmen und nach dem Trocknen hart werden.

Decken, etwa der Woilach, sind neben ihrem Zweck als Sattelunterlage

Pferderücken kann mit ihm auch Dressur geritten werden.

Jährlich kommen neue Entwicklungen auf den Markt, und Sättel anderer Reitnationen fassen in unseren Breiten Fuß. So wurden von der Fachpresse und verschiedenen Wanderreitern auch der **Stockman-Sattel** von Syd Hill, der **German Saddleman** von Christoph Rieser, der **Husarensattel** von Bertrand Fahy und der **Swing Tree** von Peter Grassel für sehr geeignet befunden.

Alle diese Sättel sind handwerklich erstklassig gearbeitet und daher nicht billig. Um die 3000 Mark müssen für die Anschaffung investiert werden.

auch zum Eindecken des Pferdes zu gebrauchen. Sie müssen aber sorgfältig vier- oder fünfmal gefaltet werden.

Pads sind einfacher in Handhabung und Pflege. Sie sind einlagig und größer als der Sattel, damit das Gepäck nicht auf dem Pferderücken aufliegt. Filzpads können sogar selbst zugeschnitten werden. Schmutz oder getrockneter Schweiß läßt sich leicht ausbürsten.

Hinsichtlich des Materials gibt es große Preis- und Qualitätsunterschiede. Manche Pferde reagieren auch allergisch auf bestimmte Materialien.

Daher ist es wichtig, die Sattelunterlage vor dem Wanderritt auszuprobieren.

Satteltaschen sollten so befestigt werden, daß sie nicht auf dem Pferderücken aufliegen oder dem Tier im Trab »Flügel verleihen«.

Hintere Gepäcktaschen, Gepäckrollen oder Schlafsäcke dürfen die Bewegungsfreiheit des Pferdes nicht beeinträchtigen, scheuern oder drücken. Bei den Arbeitssätteln liegen die hinteren Gepäcktaschen auf dem Sattel. Ebenso wichtig ist eine gleichmäßige Verteilung des Gewichts. Am besten wiegt man die Satteltaschen mit Inhalt vorher ab, um eine einseitige Belastung zu vermeiden. Bei der Entwicklung der oben beschriebenen Wanderreitsättel wurde besonders großer Wert auf das Gepäcksystem gelegt. Die Satteltaschen des Trekker beispielsweise sind aus Kunststoff und mit Klettverschlüssen ausgestattet. Dies erleichtert das Öffnen und Schließen während des Rittes und bietet Schutz vor Regen. Die Satteltaschen des German Saddleman sind aus Leder mit Schnallen, haben aber eine großzügigere Unterteilung in kleinere Fächer.

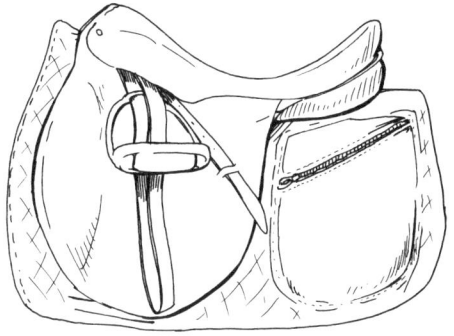

Der Vielseitigkeitssattel und die Schabracke mit aufgenähten Taschen eignen sich nicht für längere Wanderritte.

So muß jeder Reiter individuell entscheiden, was für ihn und sein Pferd wichtig und angenehm ist.

Steigbügelriemen sollten breit und von guter Qualität sein. Sie müssen viel aushalten und dürfen sich nicht dehnen oder gar reißen. Besonders stabil und angenehm sind die Fender der Westernsättel. Sie sorgen außerdem für mehr Stabilität der Steigbügel, so daß diese beim Führen nicht ständig schaukeln und an den Pferdekörper schlagen. Ein Nachteil der herkömmlichen, schmalen Steigbügelriemen ist außerdem das ständige Zwicken in die Waden. Für einen gestiefelten Reiter kein Problem, aber auf Wanderritten werden meist Trekkingschuhe getragen.

Unter den **Steigbügeln** gibt es ein umfangreiches Sortiment, von Metall über Kunststoff bis zum lederbezogenen Holzsteigbügel. Aus Sicherheitsgründen dürfen Steigbügel keinesfalls zu eng sein, da sonst bei einem Sturz der Fuß hängenbleibt. Je schwerer und sta-

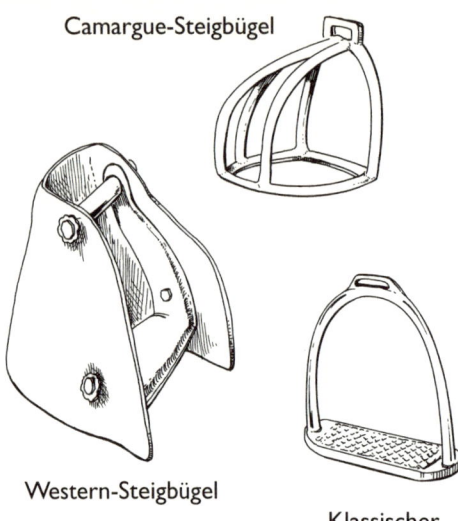

Camargue-Steigbügel

Western-Steigbügel

Klassischer
Steigbügel

a) Die Camargue-Steigbügel sind nicht nur schwer, sondern durch die schmale Aufhängung auch sehr instabil.
b) Tapaderos schützen den Fuß vor Wind, Nässe und Kälte.
c) Der herkömmliche Steigbügel ist bei längeren Ritten unbequem.

tischer die Bügel, um so weniger kann der Fuß auch bei Regenwetter herausrutschen. Im Handel werden zahlreiche Sicherheitssteigbügel angeboten, die sich bei einem Sturz öffnen oder sogar komplett vom Steigbügelriemen ablösen. Sehr angenehm sind Steigbügel, die nach vorne geschlossen sind. Dadurch kann auch ein kleiner Fuß nicht durch den Bügel rutschen. Die Camargue-Steigbügel sind den Korbbügeln der Camargue-Sättel nachempfunden. Allerdings sind sie aus Metall und ohne entsprechend breite Steigbügelriemen eine sehr wackelige Angelegenheit.

Eine bessere Alternative sind Tapaderos. Hier sind grobe Lederstücke auf die Vorderseiten der Steigbügel genäht oder gestanzt. Dadurch bleiben die Füße trocken und windgeschützt.

Zäumung

Auf dem Wanderritt wird das Pferd die Zäumung viele Stunden tragen. Daher ist es wichtig, daß sie am Pferdekopf nicht scheuert, stört oder drückt.

Sinnvoll ist ein **Kopfstück,** das sich jederzeit leicht an- und ausziehen läßt. Beim Einohrkopfstück führt ein Riemen von der einen Seite des Mundstücks hinter dem Genick vorbei zur anderen Seite. Damit der Riemen nicht nach hinten rutscht, hat er oben eine kleine Schlaufe, durch die ein Ohr des Pferdes gesteckt wird. Dieser Zaum ist leicht anzulegen, ohne daß eine Schnalle geöffnet werden muß.

Hilfszügel, wie Ausbinder, Schlauf- oder Stoßzügel, gehören nicht zur Ausrüstung des Wanderreitpferdes. Sie werden häufig unterstützend bei der Ausbildung eingesetzt, um dem Pferd bestimmte Bewegungsabläufe leichter verständlich zu machen.

»Ein gesundes, unverdorbenes Pferd, von einem guten, wissenden Reiter geritten, braucht keinerlei Hilfszügel« schreibt Rolf Becher (Autor und Chiron-Experte).

Bei konventionellen Reitern sehr beliebt sind **Trensen.** Sie werden bei dauernder Anlehnung des Pferdes zweihändig geritten. Dies verlangt vom Reiter ständige Konzentration, Einfühlsamkeit und Können. Doch während des Wanderrittes können acht Stunden in dieser Reitweise für Pferd und Reiter sehr an-

Die Wanderreiterin und ihr Pferd unterwegs. Zu erkennen sind die natürliche Versammlung am langen Zügel sowie Entspannung und Zufriedenheit des Pferdes.

strengend sein. Wird der Zügel an der Trense im Gelände lang gelassen, fangen die Pferde an zu »latschen« und kommen fast immer auf die Vorhand. Gesünder und bequemer ist die natürliche Versammlung des Pferdes ohne Zügelanlehnung.

Daher empfiehlt sich für die Wanderreiterei eine **Westernstange.** Sie behagt den Pferden sehr, da sie lose im Maul hängt und nicht stört. Der Reiter führt die Zügel ohne Anlehnung in einer Hand. So braucht er sich nicht ständig auf das Pferdemaul zu konzentrieren und hat eine Hand frei für Karte oder Kompaß. Für die Wahl der richtigen Stange mit dazugehöriger Kinnkette (oder Kinnriemen) und deren Umgang sollte auf jeden Fall ein Fachmann befragt werden.

Vorsicht geboten ist bei einer **gebißlosen Zäumung** wie der Hackamore (Bosal und Mecate). Das Pferd muß für diese Zäumung speziell ausgebildet worden sein, besonders bei Ausritten in unbekanntem Gelände.

Tellington-Jones Gebiß

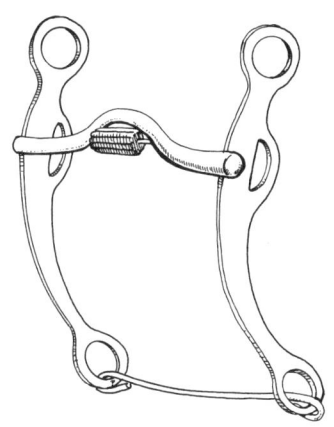

Der Honda-Knoten läßt sich auch im Notfall (bei angespanntem Strick) leicht lösen.

Anbindevorrichtung

Anbindestrick, Halfter oder Halsriemen gehören zur Grundausrüstung eines Wanderrittes. Das Pferd kann in der Mittagspause mit Halfter besser grasen als durch das Mundstück. Der Strick erfüllt seinen Zweck nicht nur beim Anbinden, sondern auch bei längeren Fußmärschen zum Führen des Pferdes. Damit er in den Satteltaschen keinen unnötigen Platz raubt, wird das eine Ende am Halfter oder Halsriemen eingehakt und das andere um den Pferdehals geknotet.

Während des Wanderritts sollten sich Pferd und Reiter über die Richtung einig sein. Auch das Führen eines Pferdes muß geübt sein.

Halsriemen sind zwar praktischer als Halfter, aber letztendlich lassen sich die Tiere wesentlich besser am Halfter festhalten und führen.

Putzzeug

Schwamm, Hufkratzer und Putzhandschuh reduzieren das Gewicht auf ein Minimum und reichen zur Grundpflege des Pferdes auf dem Wanderritt vollkommen aus.

Ausrüstung für den Reiter

Kleidung

Zu den wichtigsten Ausrüstungsgegenständen des Wanderreiters gehören zweifellos die **Schuhe.** Turnschuhe, Reit- oder Cowboystiefel sind vielleicht je nach Reitstil passend oder bequem, aber für einen Wanderreiter, der oft ein Viertel der zu absolvierenden Tagesetappe zu Fuß geht, unzweckmäßig, wenn nicht sogar gefährlich.

Den Ansprüchen am nächsten kommen Trekking- oder Wanderschuhe mit Membrane. Wasser- und windundurchlässig, mit guter Paßform und Knöchelschutz, können damit einige Kilometer täglich marschiert werden.

Ein Nachteil ist jedoch der fehlende Absatz, wodurch der Fuß leicht durch den Steigbügel rutschen kann.

Oberbekleidung: Die optimale Wanderreithose muß noch erfunden werden. Bis dahin bieten sich verschiedene Varianten an. So z. B. eine Glattlederhose, die leicht zu reinigen und sehr robust ist. Jedoch ist sie im Sommer auch schweißtreibend und bei Dauerregen kaum wie-

der trocken zu bekommen. Herkömmliche Jodhpurhosen sind bequem, aber nicht wasserdicht und spätestens nach dem zweiten Reittag nicht mehr gesellschaftsfähig. Für Jeans gilt das gleiche.

Schutz bieten Chaps aus Wachscotton oder Glattleder. Aber nasse Lederchaps färben ab und sind bei längeren Fußmärschen schwer zu ertragen.

Oilskin-Jacken und -Mäntel sind winddicht und eine gewisse Zeitlang auch wasserfest. Der Mantel hält zudem die Beine des Reiters, die Nierengegend des Pferdes und das Gepäck trocken, ist aber bei längeren Fußmärschen in unwegsamem Gelände durch die Länge hinderlich. Angenehm und leicht zu tragen, aber sehr schmutzempfindlich und teuer sind Ski-Blousons aus Gore-Tex mit Faserpelz.

Es empfiehlt sich, für jeden Tag ein frisches T-Shirt (Baumwolle) einzuplanen. Es saugt den Schweiß auf und erfüllt den Zweck eines Unterhemds.

Ein Oberhemd aus Baumwolle oder Jeans ist zweckmäßig, da in den Brusttaschen zahlreiche Kleinigkeiten untergebracht werden können.

Ein Pullover reicht im allgemeinen aus, wenn er der richtige ist. Fleece, Schur- oder Baumwolle eignen sich sehr gut. Fleece ist zudem leicht, nimmt aber bereits nach kurzer Zeit den Pferdegeruch an.

Unterwäsche und Strümpfe: Kunstfaser und Spitze garantieren sicherlich schon nach kurzer Wanderreitzeit einen Apothekenbesuch. Hier ist mit Scheuerstellen oder Allergien zu rechnen. Baumwolle dagegen ist hautverträglich und saugt den Schweiß auf. Doch hier gehen die Meinungen auseinander. So bevorzugen verschiedene Sportler Un-

Bequeme, praktische und funktionale Kleidung ist für das Wohlbefinden des Reiters unerläßlich.

terwäsche aus Synthetik, da diese den Schweiß eben nicht aufnimmt, denn bei feuchter, klammer Baumwollwäsche auf der Haut sind Erkältungskrankheiten vorprogrammiert.

Strümpfe sollten nicht neu, sondern bereits mehrmals getragen und gewaschen sein und außerdem keine Nähte über den Zehen haben.

Hut, Handschuhe, Halstuch: Ausreichenden Kopfschutz bietet ein Hut aus Filz mit möglichst breiter Krempe. Er hält auch Dauerregen stand, und das Wasser läuft, im Gegensatz zu Kappen und Mützen, nicht den Hals hinunter. Bewährt haben sich Handschuhe aus Leder (strapazierfähig) oder Gore-Tex (warm und wasserdicht).

Ein Halstuch ist unerläßlich, am besten quadratisch (mindestens ein Meter Durchmesser) und aus Baumwolle. Es kann im Notfall als Verband verwendet werden (Dreiecktuch).

Nützliche Accessoires

Unter diesem Begriff faßt man verschiedene Utensilien zusammen, deren Menge je nach Bedarf und Anspruch auch erweitert werden kann.

Hier eine Auswahl der wichtigsten Dinge:

- wasserdichte Kartentasche
- Taschenlampe
- Taschenmesser
- Feuerzeug, Streichhölzer
- Ausweise
- Kleingeld, Telefonkarte
- Notizblock, Schreiber
- Papiertaschentücher, Fettstift
- persönliche Medikamente (Aspirin)
- Feldflasche
- Trinkbecher

Für den Notfall

Lederreparaturset

Ein Lederreparaturset ist notwendig zur Reparatur von Zaumzeug, Steigbügelriemen oder Bauchgurt.

Beim Gepäck für den Wanderritt müssen Abstriche gemacht werden. Es sollte auf das Notwendigste beschränkt werden.

Hierzu gehört eine qualitativ gute Lochzange (schwer und teuer) oder ein Lederlocher mit verschieden großen Lochpfeifen. Zum Ausstanzen des Lochs wird dann die Klopfzange aus dem Hufbeschlagswerkzeug verwendet.

Außerdem können Lederschnüre von einem bis zwei Meter Länge sehr nützlich sein.

Hufbeschlagswerkzeug

Um ein gelöstes Eisen wieder anzubringen, ist gutes Hufbeschlagswerkzeug unerläßlich. Das herkömmliche Werkzeug eines Schmieds wiegt über vier Kilogramm. Sofern eine Verteilung dieses Gewichts auf mehrere Wanderreiter nicht möglich ist, empfiehlt sich ein Notwerkzeug wie die von Armin Kasper entwickelte »Clinch-Klopf-Zange« (250 Gramm) oder das Notwerkzeug nach Wolfgang Ernst (»Klopfraspel und Nietzange«; 500 Gramm).

Wichtig: Hufnägel nicht vergessen.

Erste-Hilfe-Paket

Unterwegs verletzte Pferde oder Reiter provisorisch bis zum Eintreffen des Arztes oder Tierarztes zu versorgen, bedarf einiger fachlicher Kenntnisse und nicht zuletzt einer durchdachten Erste-Hilfe-Ausrüstung.

(Einzelheiten siehe Kapitel »Erste Hilfe für Pferd und Reiter«)

Bevor man mit dem Notbeschlagswerkzeug das Hufeisen wieder anbringen kann, muß man es erst finden.

Checkliste für einen mehrtägigen Ritt

1. für jeden Reiter
- wasser- und windabweisende Kleidung
- Halstuch, Hut
- pro Tag ein Paar Socken und eine Unterhose
- feste Schuhe mit Membrane
- Badehose oder -anzug
- Toilettenartikel
- Messer, Taschenlampe
- Trinkbecher
- Ausweis, Schreibzeug, Telefonkarte
- Medikamente

2. für jedes Pferd
- Striegel, Bürste, Hufkratzer
- Halfter, Halsriemen, Strick
- Lederschnüre
- Regenschutz
- Abschwitzdecke
- Mini-Notfall-Pack

3. Kollektivausrüstung
- Karten, Kompaß
- Fotoapparat
- Erste-Hilfe-Ausrüstung
- Lederreparaturset
- Hufwerkzeug

Karte und Kompaß

Die wichtigsten Hilfsmittel für den Wanderreiter bei der Orientierung im Gelände sind Karte und Kompaß.

Die geeignete Karte

Für ein- oder mehrtägige Ausritte benötigt der Reiter, insbesondere in unbekanntem Gelände, eine gute Streckenkarte. Die beste Orientierung bieten topographische Karten mit den Maßstäben 1 : 25 000 oder 1 : 50 000.

Selbst Anfänger haben nach kurzer Zeit einen Überblick, da diese speziellen Wanderkarten viele Informationen über Bodenbewuchs, Vegetation, Höhenrücken, Verkehrs- und Wanderwege und andere Besonderheiten beinhalten.

Mit welcher der oben erwähnten Karten nun geritten werden soll, kommt auf

So sollte das ideale Wanderreitpferd sein: aufmerksam, freundlich und stets gelassen.

Seite 35:
Oben: Das Werkzeug für den Notfall: Hufnagel, Wanderreitset, Hauklinge, Ersatzplatten, Hufmesser und Raspel.
Unten: Mit dem leichten Wanderreitset läßt sich schnell ein Paddock für das Pferd bauen.

den Stand der Ausbildung oder auch Übung an. Eine endgültige Aussage kann nicht getroffen werden. Selbst bei erfahrenen Wanderreitern gehen die Meinungen bezüglich der Wahl des Maßstabes auseinander.

Topographische Karte 1 : 25 000 bedeutet: 1 cm auf der Karte entspricht 250 Meter in der Natur.

Diese Karte beinhaltet auch die kleinsten Wege und Fußpfade. Entsprechend schwer ist bei Wegkreuzungen das Finden der richtigen Strecke. Wanderwege sind nicht besonders erläutert. Gravierendster Nachteil ist der Kostenfaktor. Für eine Strecke von etwa 25 Kilometer benötigt man bis zu vier Karten.

Topographische Karte 1 : 50 000 bedeutet: 1 cm auf der Karte entspricht 500 Meter in der Natur.

Diese Karten sind in zwei Ausgaben (mit und ohne Wanderwege) erhältlich. Bessere Orientierung verspricht die Ausgabe mit Wanderwegen, die außerdem mit verschiedenen Farben gekennzeichnet sind. In der Legende ist zudem beschrieben, wie der Weg in Wirklichkeit markiert ist, sowie die Routenführung.

Zum Beispiel: Trier-Koblenz – blaues Kreuz auf weißem Grund. Sie umfaßt ein Gebiet in Nord/Süd-Richtung von 22 Kilometer und in Ost/West-Richtung von zirka 25 Kilometer.

Auch die beste topographische Karte nützt wenig, wenn sie nicht mit den tatsächlichen Gegebenheiten übereinstimmt.

Nachteil: Nicht alle Wege sind eingetragen, das kann ungeübte Kartenleser verwirren. Es ist einige Erfahrung notwendig, um mit Karten in diesem Maßstab ans Ziel zu finden. Die Landesvermessungsämter kartieren die einzelnen Regionen alle fünf bis sechs Jahre neu. Aber die Neuauflage kostet Zeit, und inzwischen hat sich die Landschaft durch Waldaufforstung oder Bau neuer Wege und Straßen bereits wieder verändert, so daß es auch mit der aktuellen Karte oft schwierig ist, die Orientierung zu behalten.

Der geeignete Kompaß

Als weiteres Hilfsmittel der Orientierung dient dem Reiter in der freien Natur der Kompaß. Mit ihm wird die Reit-

Bezuqsquellen für Kartenmaterial
(über die Landesvermessungsämter – LVA)

Hamburg, Westerstraße 7, 21079 Hamburg
Bremen, Wilhelm-Kaisen-Brücke 4, 28199 Bremen
Schleswig-Holstein, Mercatorstraße 1, 24106 Kiel-Wik
Nordrhein-Westfalen, Muffendorfer Straße 19–21, 53177 Bonn
Niedersachsen, Warmbüchenkamp 2, 30159 Hannover
Hessen, Schaperstraße 16, 65195 Wiesbaden
Rheinland-Pfalz, Ferdinand-Sauerbruch-Straße 15, 56073 Koblenz
Saarland, Neugrabenweg 2, 66123 Saarbrücken
Baden-Württemberg, Büchsenstraße 54, 70174 Stuttgart
Bayern, Alexandrastraße 4, 80538 München
Sachsen-Anhalt, Markt 22, 06108 Halle/Saale
Sachsen, Olbricht Platz 1, 01099 Dresden
Thüringen, Schmittstädter Ufer 7, 99084 Erfurt
Brandenburg, Heinrich-Mann-Allee 103, 14473 Potsdam
Mecklenburg-Vorpommern, Lübecker Straße 289, 19059 Schwerin

richtung festgelegt. Hat der Reiter die vorher ausgearbeitete Route ungewollt verlassen, so bietet der Kompaß zumindest einen Anhaltspunkt für die korrekte Reitrichtung, vor allem in fremder Umgebung, wenn anhand der Karte nicht mehr auf den richtigen Weg gefunden wird.

Der Kompaß sollte folgende Einrichtungen besitzen:
- stabiles Gehäuse mit Visiereinrichtung
- Anlegekante
- im Gehäuse drehbar gelagerte Kompaßdose mit der Magnetnadel
- im Gehäuse eine Flüssigkeit, die die Schwingungen der Nadel dämpft
- markierte Himmelsrichtungen
- **wichtig:** eine Gradeinteilung, die am Nordpunkt beginnt, im Uhrzeigersinn fortfährt und mit 360 Grad am Nordpunkt wieder endet!

Gebrauch von Karte und Kompaß

Umgang mit der Karte

Für Reiter, die im Umgang mit Karte und Kompaß noch ungeübt sind, empfiehlt sich folgende Vorgehensweise:
- Einen Rundkurs von etwa 10 Kilometer in bekanntem Gelände aussuchen, in eine Karte eintragen und die Strecke mit erhöter Aufmerksamkeit reiten, das heißt: Eintragungen auf der Karte ständig mit der Landschaft vergleichen.
- Diesen Rundkurs in die topographische Karte übertragen und versuchen, nur nach der Karte zu reiten.
- Besondere Merkmalc auf der Karte im Gelände suchen und sich ihre Bezeichnung, die in der Kartenlegende erläutert ist, einprägen. Zum Beispiel: WbH –

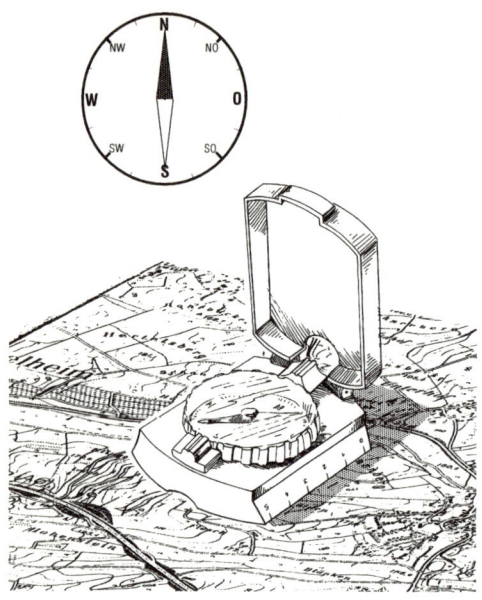

Ein herkömmlicher Kompaß, der den Anforderungen genügt. Die wesentlichen Teile wie Visiereinrichtung, Nadel, Gradeinteilung, Deckel, Anlegekante sowie stabiles Gehäuse sind vorhanden.

Wasserbehälter, KD – Kulturdenkmal, Pw – Pumpwerk oder AT – Aussichtsturm.

Diese Übung öffnet den Blick für Geländebesonderheiten, die beim Autofahren nicht wahrgenommen werden. Jeder Wanderreiter ist froh, wenn er endlich an dem in seiner Karte verzeichneten Wegkreuz, Hochspannungsleitung, Bach, Tümpel oder Hütte vorbeikommt.

Kann man in seiner näheren Umgebung sicher anhand der Karte reiten, arbeitet man im nächsten Übungsschritt einen Streckenritt von A nach B aus:

• Start und Zielpunkt mit einer Linie verbinden.

• Rechts und links von dieser Luftlinie werden Wege ausgesucht, die zum Ziel führen. Eisenbahnlinien, Autobahnen und Flüsse können häufig nur an bestimmten Punkten (Brücken, Tunnel, Übergänge) überquert werden. Daher sind Umwege einzuplanen.

Auf jeden Fall sollte beim ersten längeren Ritt eine Walddurchquerung vermieden werden, denn hier ist die Orientierung besonders schwierig. Deshalb ist es sicherer, einen Umweg in Kauf zu nehmen und am Waldrand zu reiten.

• Die Strecke nach markanten Punkten auswählen: Höfe, Gaststätten, Brunnen oder Hütten bieten die Gelegenheit, die Pferde zu tränken und den eigenen Durst zu löschen.

• Starke Steigungen und tiefe Taleinschnitte verlängern die Reitzeit. Die auf der Karte eingetragene Strecke ist um so länger, je mehr Höhenunterschiede zu bewältigen sind, was oft zu Frustration bei den Mitreitern führt.

• Wege neben Bachläufen oder ein einmaliger Auf- oder Abstieg versprechen einen angenehmen Rittverlauf.

Die Anfertigung eines Höhenreliefs bietet einen optischen Einblick auf die zu bewältigenden Höhenunterschiede.

Die Länge der Reitstrecke richtet sich in der Regel nach dem Zielort, den man anreiten möchte. Einsteiger sollten eine Strecke wählen, die nicht länger als 20 bis 25 Kilometer ist.

Tips zur Orientierung auf der Karte und im Gelände:

• Die Grobrichtung mit dem Kompaß immer im Auge behalten.

• Wege auf der Karte und im Gelände mitzählen und vergleichen. Die Anzahl stimmt aber nicht immer, da Wege hinzugekommen sein können, andere nicht mehr existieren.

● Auf bauliche Einrichtungen wie Windräder, Gebäude, Hütten, Teiche oder Überlandleitungen achten.

● Eine Daumenbreite mißt auf der Karte mit Maßstab 1 : 50 000 etwa einen Kilometer. Vorher abmessen, so können die ungefähren Reitkilometer bestimmt werden.

Einnorden der Karte

Eine Orientierung in unbekanntem Gelände ist nur mit einer »eingenordeten« Karte möglich. Das Ziel liegt in bestimmter Himmelsrichtung, die bereits vor dem Abritt genau ermittelt wird, indem man die Karte einnordet.

Das »Einnorden« geht am schnellsten mit einem Kompaß und dauert nur ein bis zwei Minuten:

● Man legt die ausgebreitete Karte auf den Boden oder eine glatte Unterlage.

● Der Kompaß wird mit der Anlegekante an den rechten oder linken Kartenrand gelegt.

● Nun wird die Karte vorsichtig mit dem Kompaß so lange gedreht, bis die Nordseite der Nadel (meistens rot markiert) mit dem Deklinationspunkt (er ist auf dem Kompaß fest installiert) übereinstimmt.

● Die Karte liegt jetzt so vor dem Reiter, wie er das Gelände tatsächlich vor sich sieht.

Kann das Gelände gut überblickt werden, ist die Orientierung durch markante Punkte nicht schwierig. Ist dies nicht möglich, muß man sich die *Marschzahl* einprägen. Das ist die Zahl auf der Gradeinteilung des Kompaß, die in die Streckenführung zum Ziel zeigt. Immer wenn nun die Reitrichtung unklar ist, zum Beispiel Wege in verschiedene

Jeder verreitet sich mal – die einen mehr, die anderen weniger.

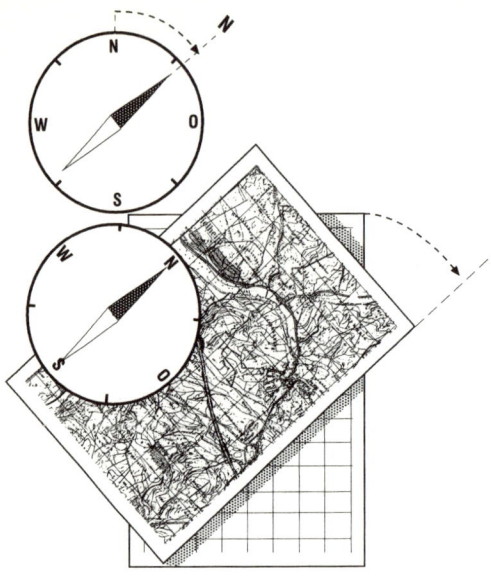

Einnorden einer Karte

Himmelsrichtungen führen, dreht man den Kompaß so lange, bis die Nadel nach Norden zeigt und mit dem Nordpunkt auf dem Kompaß übereinstimmt. Nun schaut man auf die vor dem Ritt ermittelte Marschzahl: Diese zeigt jetzt in die Richtung, in die weitergeritten werden muß.

Das Höhenrelief

Die Landkarte zeigt letztendlich nur die Entfernung zwischen zwei Punkten, ohne die dazwischenliegenden Berge und Erhebungen zu berücksichtigen. Daher kann das Abrändeln mit dem Kartenmesser nur dann ein genaues Ergebnis liefern, wenn das Gelände völlig eben ist.

Rändelt man z. B. einen Wanderweg durch den Schwarzwald ab, so zeigt der Kartenmesser vielleicht 20 Kilometer.

In Wirklichkeit ist die Entfernung jedoch größer, da ständig bergauf und wieder bergab geritten wird.

Auf der Landkarte sind Berge mit dünnen Höhenlinien gekennzeichnet, die in der Mitte immer kleiner werden. Je enger diese Linien zueinander liegen, um so größer ist die Steigung.

Ein weiterer Anhaltspunkt sind die Höhenmeter. Neben diesen Wellenlinien stehen in bestimmten Abständen klein geschriebene Zahlen. Diese Zahlen sagen dem Kartenleser, wie viele Meter über dem Meeresspiegel er sich befindet. Häufig sind die Höhenmeter neben Wanderwegen angegeben. So können Wanderer und auch Wanderreiter genau erkennen, wie lange und wie steil es bergauf bzw. bergab geht.

Die genaue Entfernung kann mit Hilfe einer mathematischen Gleichung errechnet werden. Wird ein maßstabgetreues Höhenrelief angefertigt, so kann die genaue Entfernung auch hier nachgemessen werden. Dazu wird ein Diagramm gezeichnet, an der vertikalen Achse die Höhenmeter und an der horizontalen Achse die Entfernung in Kilometer eingetragen.

Nun wird entsprechend der Landkarte eine Entfernung zwischen zwei Höhenmetern eingetragen. Geht es bergauf, so verläuft die Linie von links unten nach rechts oben, bergab umgekehrt.

Beispiel: Neben dem Wanderweg steht die Höhenmeterzahl 200. Einige Zentimeter weiter steht die Zahl 700. Diese Entfernung wird mit dem Kartenmesser abgerändelt. Man liest fünf Kilometer

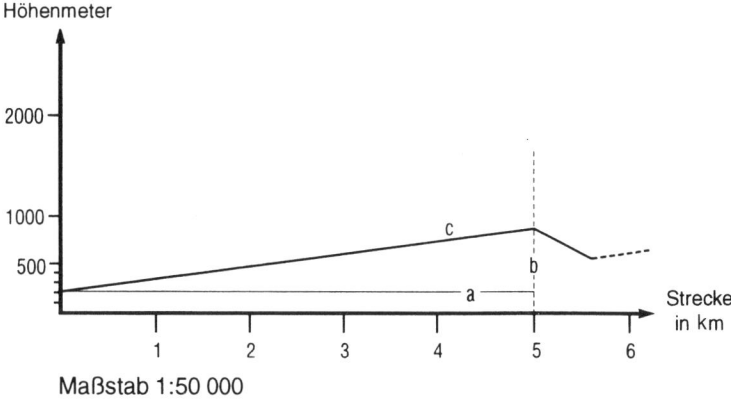

Maßstab 1:50 000

Berechnung: $c = \sqrt{a^2 + b^2}$

Höhenrelief:
a) die zu reitende Strecke in der Ebene,
b) Höhenunterschied, c) tatsächlich zu reitende Strecke

Der Satz des Pythagoras

so lautet die Bezeichnung für die mathematische Berechnung einer Entfernung, wenn Höhenunterschiede zu bewältigen sind. Das folgende Beispiel ist in der Realität nicht nachzuvollziehen. Es soll lediglich verdeutlicht werden, daß von zwei gleich lang gerändelten Strecken auf der Karte diejenige, die in Wirklichkeit bergauf oder bergab führt, länger ist. Die Formel für die Berechnung lautet: $C^2 = A^2 + B^2$
C steht für die tatsächlich zu reitende Strecke,
A steht für die Entfernung auf der Ebene (also die gerändelte Strecke);
B steht für den Höhenunterschied.
Gerändelte Entfernung: 1 Kilometer

Höhenunterschied zwischen Start und Ziel:
1000 Meter (also auch 1 km)
Achtung: Maßstab beachten
A = 1 km
B = 1 km
C ist die unbekannte Variable
$C^2 = 1^2 + 1^2$
$C^2 = (1 \times 1) + (1 \times 1)$
$C^2 = 2$
Die Umkehrfunktion der Potenz ist die Wurzel, also Wurzel aus 2 = C
C = 1,41 km

Die tatsächliche Entfernung beträgt also nicht, wie gerändelt, 1 km, sondern 1,41 km.

auf dem Rändelrad ab. Dies bedeutet: Die Entfernung beträgt fünf Kilometer auf ebener Fläche.

In das Diagramm wird nun eine schräge Linie von Kilometer 0 bis 5 bzw. Höhenmeter 200 bis 700 eingetragen.

Darunter wird bei Höhenkilometer 200 die gleiche Strecke parallel zur unteren Achse ebenfalls bis Kilometer 5 eingezeichnet (entspricht der ebenen Fläche). Dieses nach rechts offene Dreieck wird schließlich bei Kilometer 5 mit einer parallel zur vertikalen Achse gezogenen Linie geschlossen.

Rein mathematisch läßt sich die tatsächlich zu reitende Strecke wie folgt ermitteln: Kilometer bzw. -meter der Ebene (5 km) zum Quadrat **plus** Höhenkilometer bzw. -meter (0,5 km) zum Quadrat. (Maßstab beachten!)

Aus diesem Ergebnis (= 25,25) wird dann die **Wurzel** gezogen (= 5,02).

Also sind tatsächlich nicht 5 km, sondern 20 Meter mehr zurückzulegen. Beinhaltet eine Tagesetappe sehr viele Höhenunterschiede, können durchaus mehrere Kilometer zusammenkommen.

Errechnung der Reitzeit

Ein besonderes Problem für angehende Wanderreiter ist die Errechnung der ungefähren Reitzeit. Es müssen Pausen eingeplant werden, Tränkmöglichkeiten für die Tiere oder auch Treffpunkte für Begleitpersonen.

Zur Ermittlung der Reitzeit gibt es zwei Möglichkeiten. Die einfachere Variante ist das Abrändeln der Strecke mit einem Kartenmesser. Diese Geräte sind sehr genau und zeigen die Kilometer fast korrekt an.

Schwieriger und auch etwas ungenauer ist die zweite Möglichkeit: Man mißt die Luftlinie vom Start bis zum Ziel, und je nach Geländeschwierigkeiten wird dieser Wert mit 1,4 bis 2 multipliziert.

Hat man die Länge der Reitstrecke ermittelt, wird diese Zahl mit dem Tempo, in dem man reiten möchte, multipliziert. So erhält man die reine Reitzeit. Das liest sich jetzt sehr kompliziert, ist aber nur eine einfache Dreisatzrechnung.

Das Tempo wird auf einen Kilometer gerechnet. Ein guter Läufer schafft einen Kilometer in drei Minuten (= Tempo 3). Ein flotter Trab bewegt sich ebenfalls in dieser Geschwindigkeit. Bei einem Wanderritt mit Schritt- und Trabpassagen wird ein Kilometer erfahrungsgemäß in acht bis zehn Minuten bewältigt (= Tempo 8 bis 10).

Beispiel: Es soll eine Reitstrecke von 20 Kilometer mit einem Tempo von acht Minuten pro Kilometer zurückgelegt

---

Errechnung der Reitzeit

Eine Reitstrecke von 20 Kilometern soll mit Tempo acht zurückgelegt werden. Wie viele Minuten oder Stunden werden bis zum Ziel benötigt?
Reittempo 8 min/km ⇒ 20 km/h × 8 min/km = 160 Minuten
Reine Reitzeit also 160 Minuten oder 2 Stunden 40 Minuten.

werden. Wieviel Minuten werden bis zum Ziel benötigt?

Reittempo 8 min/km = 20 km × 8 min/km = 160 Minuten.

Reine Reitzeit also 160 Minuten oder 2 Stunden 40 Minuten.

Über eines sollte sich der Reiter im klaren sein: Die auf dem Papier ermittel-te reine Reitzeit bedeutet nicht: Abritt 9 Uhr – Ankunft 11.40 Uhr. Einzuplanen sind Pausen, eventuelles Verreiten, unfreiwillige Stopps, weil man vielleicht in eine Volkswanderung gerät, ein Waldweg einige Tage zuvor für Reiter gesperrt wurde oder ein entwurzelter Baum den Weg versperrt!

Reiten mit der Uhr – was ist Tempo ?

Tempo 1: 1 Kilometer in 1 Minute	
Tempo 2: 1 Kilometer in zwei Minuten	– 30 Kilometer in 1 Stunde
Tempo 3: 1 Kilometer in drei Minuten	– 20 Kilometer in 1 Stunde
Tempo 4: 1 Kilometer in vier Minuten	– 15 Kilometer in 1 Stunde
Tempo 5: 1 Kilometer in fünf Minuten	– 12 Kilometer in 1 Stunde gemütlicher Jog, ein trainierter Wanderreiter kann problemlos am Boden nebenher laufen.
Tempo 6: 1 Kilometer in sechs Minuten	– 10 Kilometer in 1 Stunde
Tempo 7: 1 Kilometer in sieben Minuten	– 8,5 Kilometer in 1 Stunde oder 10 Kilometer in 1 Stunde 10 Minuten
Tempo 8: 1 Kilometer in 8 Minuten	– flotter Schritt
Tempo 10: 1 Kilometer in 10 Minuten	– 6 Kilometer in 1 Stunde
Tempo 12: 1 Kilometer in 12 Minuten	– 4,9 Kilometer in 1 Stunde = gemütlicher Schritt oder Spaziergang

Quartiere

Das Musterquartier

Eine fest eingezäunte Koppel mit viel Gras für Robustpferde, der Hengst bekommt eine Laufbox, und für das Dressurpferd in der Gruppe steht eine große Box mit Blick zu den Kameraden zur Verfügung. Das Ganze in einem jahrhundertealten Gemäuer, am nahen Waldrand sieht man in der Dämmerung eine Rehfamilie äsen und die Zimmer haben Ausblick zu einem verträumten See. Die Reiter genießen in der Bar einen Aperitif und haben nach dem delikaten Drei-Gänge-Menü Gelegenheit, sich im Swimming-Pool zu entspannen. Die Benutzung der Sauna ist im Preis von 50 Mark selbstverständlich inbegriffen.

Danach sinkt jeder zufrieden in die Daunenkissen. – Ein Traum, der so wohl nicht in Erfüllung geht.

Der Wirklichkeit näher kommen Bauernhöfe, Reiterpensionen, Gasthöfe oder Quartiere bei Reiterfreunden, geschlafen wird in der Regel im Heu. Deutschland ist noch nicht so gut mit Wanderreitstationen versorgt wie zum Beispiel Frankreich.

Das Musterquartier macht Pferde wunschlos glücklich.

So haben die Wanderreitpferde unterwegs genügend Sozialkontakt zu anderen Pferden und ausreichend Bewegungsraum. Ein Stromgerät verhindert ungewollte Ausflüge.

Aus diesem Grund sollte man sich einige Wochen vor dem geplanten Wanderritt am Zielort umschauen und nach einer geeigneten Unterkunft für Pferd und Reiter suchen.

Die Anforderungen richten sich nach der Haltung der Tiere im heimischen Stall sowie nach den Wünschen und Geldbeutel der Mitreiter.

Unterkunft der Pferde

Im Sommer, bei warmer Witterung, genügt für alle Pferderassen eine fest eingezäunte Koppel, die man in Paddocks unterteilen kann. Pferde, die sich nicht kennen oder nicht ständig zusammenstehen, müssen getrennt voneinander

untergebracht werden. Sonst kommt es durch Rangordnungskämpfe mit Sicherheit zu bösen Verletzungen. Hengste werden von den übrigen Pferden getrennt in einer sicheren Box, Laufstall oder Koppel untergestellt.

Schwieriger wird die Quartiersuche, wenn zu befürchten ist, daß es nachts regnet. Offenstallpferden genügt auch hier eine Koppel mit Unterstand oder einem dichten Baumbestand. Allerdings sollten sie auf jeden Fall mit einer Neuseelanddecke oder einem anderen wasserdichten Schutz abgedeckt werden, denn bei starkem Regen genügen die Bäume als Schutz den Anforderungen nicht mehr.

Werden Pferde in Boxen oder Ställen gehalten, sollten sie auch unterwegs in einem festen Stall untergebracht werden, der sie vor Regen und Wind schützt. Es genügt eine leere Scheune oder Reithalle, die man mit einigen Handgriffen unterteilen kann. Ein stabiles Seil trennt zum Beispiel Pferde, die sich kennen, von fremden Tieren. Sprungstangen eignen sich auch gut zum Abtrennen. Sie lassen sich mit Schnüren gut an der Stallwand befestigen, und man hat schnell einen Notständer gebastelt, in dem die Tiere für eine Nacht durchaus untergebracht werden können.

Wichtig ist, daß es trocken und zugfrei ist und alle Pferde genügend Platz haben, sich bequem hinzulegen.

Egal, wo die Tiere untergebracht werden: Die Reiter sollten in jedem Fall die Örtlichkeiten genau auf Gefahrenstellen inspizieren. Ist die Koppel sicher, ragen scharfkantige Gegenstände in die Box oder steht der Traktor mit Egge noch auf der Weide? Alles Fragen, die bei einem Rundgang geklärt werden müssen. Sonst gibt es am nächsten Morgen ein böses Erwachen, wenn man die klaffende Wunde am Bein sieht und der Tierarzt bemüht werden muß.

Grundsätzlich sollte der Wanderreiter bei der Quartierwahl für seinen vierbeinigen Freund die Bedingungen wählen, die das Tier auch zu Hause vorfindet.

Unterkunft der Reiter

Ein Wanderritt führt meistens durch ländliche Regionen. Große Städte werden gemieden, an der Strecke liegen höchstens kleinere Ortschaften mit ländlichem Charakter. Überall gibt es Landwirte mit Viehzucht und je nach touristischer Erschlossenheit auch Pensionen oder Hotels. Die ideale Unterkunft wäre ein Reiterhof mit Pensionsbetrieb und Restaurant, wo die Tiere direkt am Haus eine Weide oder einen Stall zur Verfügung haben. Oft gibt es Mehrbettzimmer oder ein trockenes Heulager zu günstigen Preisen. Die Erfahrungen haben gezeigt, daß in der Regel auch einige Zweibettzimmer mit Dusche und WC zur Verfügung stehen, die dann allerdings teurer sind.

Freundliche Landwirte oder ein Reiterfreund beherbergen auch schon mal Wanderreiter, dann wird die Lage oft problematischer. Zwei bis vier Reitern wird die Benutzung der Dusche oft noch gestattet. Ist die Gruppe aber größer, kann es durchaus mal vorkommen, daß zum Waschen nur ein Waschbecken im Stall angeboten wird oder gar der Schlauch in der Hofmitte. Dies sollten die Reitkameraden dann wissen und sich darauf einstellen können.

Vielleicht wird man zum Abendessen und Frühstück eingeladen, und die Gastgeber halten beim Abritt noch ein Verpflegungspaket für unterwegs bereit. Selbstverständlich lehnen die netten neuen Freunde auch eine Bezahlung ab. Darauf sollte man sich auf keinen Fall einlassen und die Kostenfrage unbedingt klären.

Ist dies unter keinen Umständen möglich, gibt es bestimmt eine Tochter, einen Sohn oder Enkelkinder, deren Sparschwein von den Reitern aufgefüttert werden kann.

Bei mehr als vier Reitern kommt nur ein professionelles Quartier in Frage. Es handelt sich hierbei um einen Reitbetrieb, der gegen ein Entgeld Reiter und Pferde unterbringt und alle Möglichkeiten zur Verfügung hat. Hier herrschen klare Verhältnisse, es gibt eine exakte Preisvorstellung und geregelte Verhaltensvorgaben.

Sind Tiere und Reiter weit voneinander entfernt untergebracht, sollte nachts auf jeden Fall eine Wache bei den Tieren bleiben. In fremder Umgebung

---

Quartiere für Reiter und Pferd – Mindestanforderungen

Reiter:
- Heulager
- Mehrbettzimmer
- Duschmöglichkeiten, WC
- unter Umständen Abendessen und Frühstück
- oder als Alternative ein Restaurant ein paar Gehminuten entfernt

Pferd:
- ausbruchsichere Koppel
- genügend Wasser
- in ausreichender Menge Gras oder gutes Heu
- bei Regen Unterstellmöglichkeiten, wie Stall, Laufboxen, Bäume oder Büsche

---

kommt es immer wieder zu Problemen. Dann kann direkt geholfen werden. Bei schönem Wetter schläft der überwachende Reiter auf der Wiese direkt neben der Pferdekoppel. Bei Regen kann er das Troßfahrzeug, sofern eines vorhanden ist, an die Koppel fahren und darin übernachten oder ein kleines Zelt aufstellen.

Wie finde ich ein Quartier?

In den meisten Fällen ist auf einem Wanderritt das Ziel bekannt, etwa bei einem Sternritt oder Reiterfest. Veranstalter, Freunde und Bekannte haben die Quartierfrage geregelt.

Führt der Ritt in unbekannte Gegenden, empfiehlt sich eine Vorfahrt mit dem Auto, und nach den errechneten Tagesetappen muß in den umliegenden Orten eine geeignete Unterkunft gesucht werden. Ansprechpartner können Reitvereine, Pferdepensionen, Fremdenverkehrsvereine, Reitorganisationen (FN, VFD) oder das Bürgermeisteramt sein. Bei FN und VFD bestehen schon mehr oder weniger aktuelle Listen über

Wanderreitstationen, die durchaus weiterhelfen können.

Eine andere Variante ist, daß umgekehrt die Strecke nach den bereits bekannten Reitstationen ausgesucht wird. Dies garantiert gute Quartiere und sichere Unterbringung der Pferde. Nachteilig ist aber die vorbestimmte Streckenlänge und daß lange Tagesetappen zu reiten sind.

Verhalten im Quartier

Ein gutes Quartier trägt wesentlich zum Gelingen eines Wanderritts bei. Wurden gute Stationen gefunden, gehört zu einem Horseman ein gutes Benehmen, so daß er auch in Zukunft in diesem Quartier herzlich aufgenommen wird.

Überhaupt ist das gute Auftreten der Wanderreiter mit wohlerzogenen Pferden eine Voraussetzung, deren Erfüllung sich jeder Reiter zu Herzen nehmen sollte.

Nur so wird gewährleistet, daß das Reiten zu Pferd nicht in Verruf kommt und Wanderreiter überall willkommen sind.

Inzwischen ist es in bestimmten Gegenden schwierig geworden, ein gutes Quartier zu finden. Dort nämlich, wo vermehrt Wanderreitgruppen auftauchen, steht ein fremder Reiter immer öfter vor verschlossener Tür: Trinkgelage bis spät in die Nacht, Liegenlassen von Unrat und ungebührliches Benehmen gehören zu den häufigsten Klagen, die man über die »schwarzen Schafe« unter den Wanderreitern zu hören bekommt.

Rücksichtslos wird auch der private Bereich im Nachtquartier in Beschlag genommen. Egoismus und das eigene Wohlbefinden stehen im Vordergrund.

Die Reiter sind immer **Gast** im Quartier, und sie haben kein Anrecht auf eine gesonderte Behandlung oder gar Bedienung. Für die kurze Zeit des Bleibens müssen die Reiter Rücksicht nehmen und ihrem Gastgeber mit Respekt gegenübertreten.

Jeder sollte bedenken, daß der Tagesablauf eines Landwirtes oder Freundes durcheinandergebracht wird. Das bedeutet: An ein ländliches Quartier mit geringen Kosten kann man nicht die Erwartungen wie an ein Drei-Sterne-Hotel stellen.

Trifft eine größere Gruppe in der Unterkunft ein, darf sie den Hof nicht in Beschlag nehmen. In diesem Fall heißt es, genau auf die **Wünsche des Gastgebers** einzugehen und den Betrieb nicht zu stören, sondern nach Möglichkeit zu unterstützen.

Selbstverständlich räumt der Wanderreiter sein Nachtlager auf. Stall oder Koppel werden vom **Mist** des eigenen Tieres gesäubert, und bauliche Veränderungen, die vorgenommen wurden, um die Halle oder den Laufstall abzutrennen, sind wieder wegzuräumen.

Bevor man abreitet, **verabschiedet** man sich im Kreise aller Reiter vom Gastgeber und **bedankt** sich noch einmal.

Das **Finanzielle** wurde vorher geregelt, und ein Erinnerungsfoto vor dem Anwesen mit allen Beteiligten, das man später wirklich an den Gastgeber schickt, gehört zu einer netten Geste, die auch für die Zukunft verbindet.

Hält man sich an diese Regeln und tritt freundlich, mit viel Entgegenkommen für die Belange des Gastgebers auf, dürfte einem Wiedersehen im nächsten Jahr nichts mehr im Wege stehen.

Erste Hilfe

Es soll ein gemütlicher Tag werden. Die Wanderreitgruppe geht im Schritt durch den Wald. Die Strecke ist unproblematisch. Man freut sich auf einen harmonischen Abend am Lagerfeuer.

Plötzlich scheut ein Pferd, die anderen werden von der Panik angesteckt. Ein Pferd springt ins Unterholz, der Reiter stürzt ...

So oder ähnlich kann eine Situation aussehen, in der Erste Hilfe notwendig wird. Richtiges Handeln in den ersten Minuten nach einem Reitunfall entscheidet häufig über Leben und Tod von Mensch und Tier.

Erste-Hilfe-Kurse bieten zahlreiche Organisationen wie der Malteser-Hilfsdienst oder das Rote Kreuz an. Verschiedene Reitvereinigungen oder einzelne Reitställe veranstalten auch in Zusammenarbeit mit Tierärzten Erste-Hilfe-Kurse für Pferde.

Erste Hilfe für den Reiter

Bewußtlosigkeit

Für den Ersthelfer besonders schwierig sind Sofortmaßnahmen an einer bewußtlosen Person, die nicht auf Schmerzen oder Verletzungen hinweisen kann.

Grundsätzlich muß bei jedem Be-

wußtlosen mit einer Störung der Atmung gerechnet werden. Durch das Erschlaffen der Muskeln kann die Zunge zurücksinken und den Verletzten am At-

Die rechtzeitige und richtige Beatmung einer bewußtlosen Person kann Leben retten.

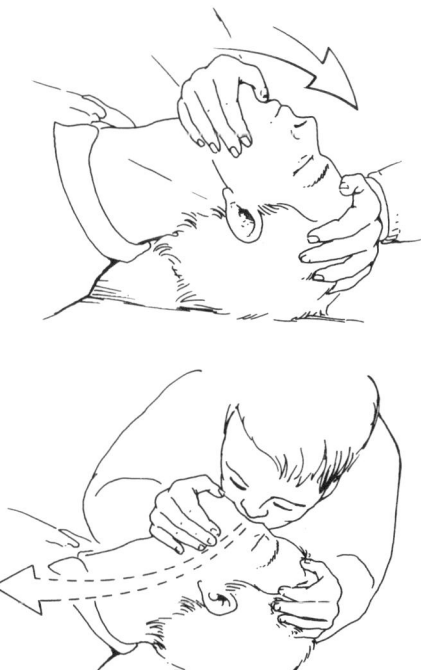

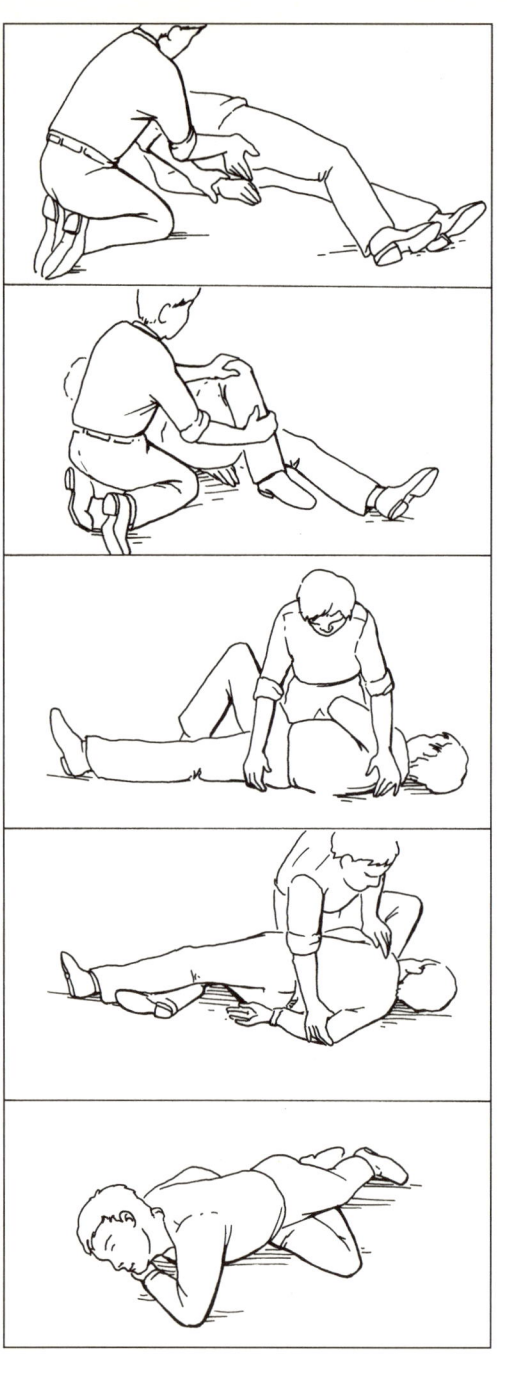

a) Arm des Verletzten so weit wie möglich unter den Körper schieben

b) Bein derselben Seite beugen, dabei Fuß an das Gesäß stellen

c) Bewußtlosen behutsam und gleichmäßig zu sich herüberziehen

d) Den unter dem Körper liegenden Arm am Ellbogen etwas nach hinten hervorziehen

e) Kopf nackenwärts beugen, Gesicht zur Erde wenden, Hand unter die Wange schieben

Rechte Seite:
Oben: Sidhi, Rüdiger und Mozart:
Ein Dreiergespann, das sich versteht.
Unten: Wasserdichte Kleidung darf auf keinem Wanderritt fehlen.

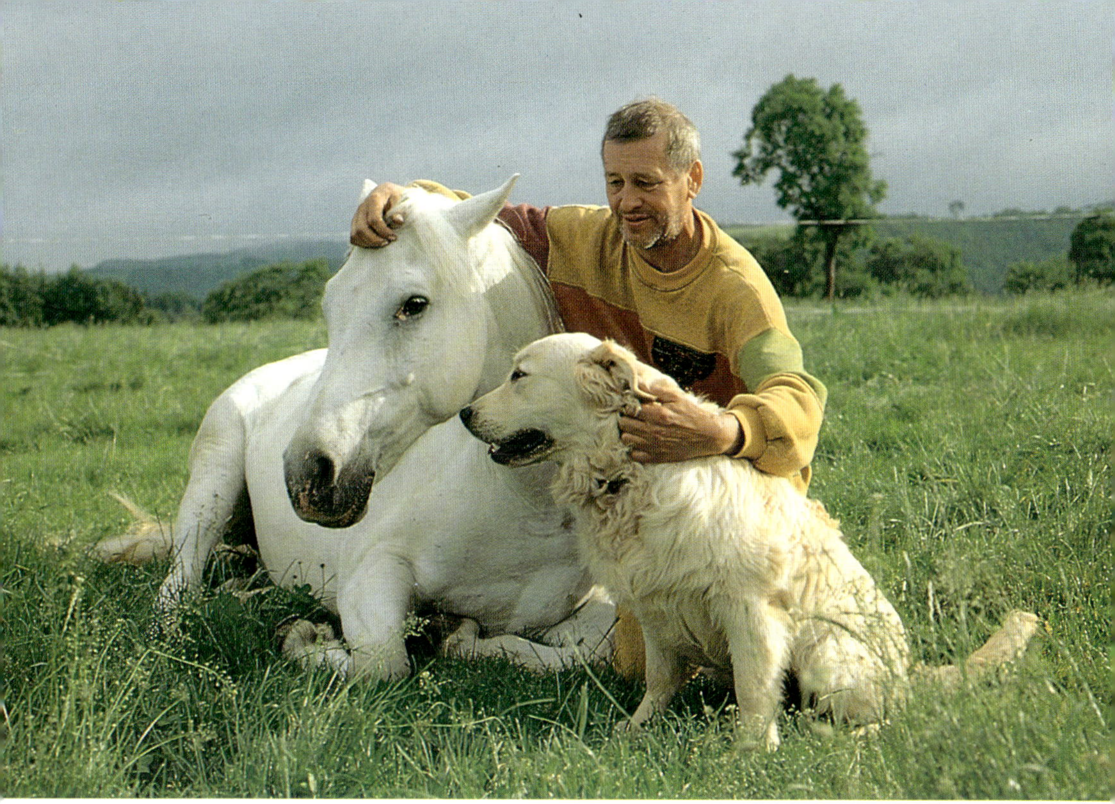

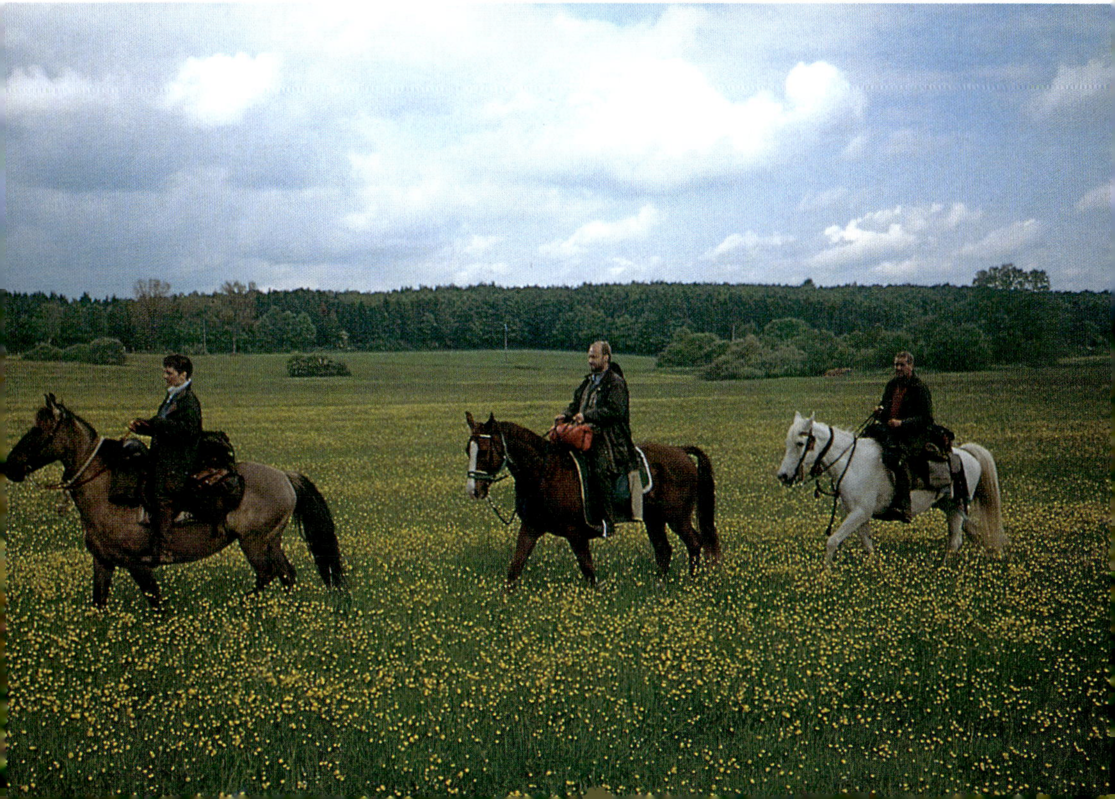

men hindern. Daher ist zuerst die Atmung zu prüfen.

Atmet die bewußtlose Person, so ist sie in die stabile Seitenlage zu bringen, wobei ständig Puls und Atmung kontrolliert werden.

Beatmung: Ist bei einer bewußtlosen Person keine Atmung feststellbar, so muß eine Beatmung durchgeführt werden. Diese sollte unbedingt durch Mund-zu-Nase-Beatmung erfolgen, nur notfalls über eine Mund-zu-Mund-Beatmung. Vor einer Beatmung ist der Mundraum des Verletzten nach Fremdkörpern, Erbrochenem oder Prothesen zu untersuchen, die zu entfernen sind.

Bei der Mund-zu-Nase-Beatmung muß der Mund des Bewußtlosen fest geschlossen sein (am besten Unterlippe mit Daumen gegen die Oberlippe drücken). Dann wird der eigene Mund weit geöffnet und um die Nase des Bewußtlosen fest auf das Gesicht aufgesetzt. Die eigene Ausatemluft vorsichtig in die Atemwege einblasen. Beim erneuten Einatmen frischer Luft beobachtet der Helfer gleichzeitig das Zurücksinken des Brustkorbs. Nach zweimaliger Atemspende erfolgt eine Pulskontrolle an der Halsschlagader.

Bei der Mund-zu-Mund-Beatmung muß die Nase des Bewußtlosen fest verschlossen sein, damit die Luft hier nicht

entweichen kann. Bei dieser Beatmungsmethode besteht jedoch die Gefahr, daß Teile der Luft durch den hohen Druck in den Magen des Bewußtlosen gelangen.

Äußere Verletzungen

Wunden: Zu den äußeren Verletzungen gehören Hautabschürfungen und offene Wunden, die mehr oder weniger stark bluten.

Grundsätzlich ist jede Wunde keimfrei abzudecken und zu verbinden.

Die Art des Verbandes richtet sich nach der Stärke der Blutung und der verletzten Körperstelle. Dabei die Wunden nicht berühren, nicht auswaschen, nicht mit Salben, Puder, Sprays usw. behandeln und Fremdkörper nicht entfernen. Handelt es sich um eine stark blutende Wunde, so muß der Ersthelfer versuchen, diese **Blutung zu stillen,** da bei einem erwachsenen Menschen der Verlust von einem Liter Blut Lebensgefahr bedeutet:
● Die verletzte Gliedmaße sofort hochlegen und das verletzte Blutgefäß zwischen Herz und Wunde oder auch in der Wunde abdrücken.
● Anschließend ist ein Druckverband anzulegen. Dabei können Verbandspäckchen als Druckpolster verwendet werden.
● Blutet die Wunde weiter, so wird über den Druckverband ein zweiter gelegt.
● Blutet die verletzte Gliedmaße dennoch weiter, so muß abgebunden werden. Die Abbindung wird dann in der Mitte von Oberarm oder Oberschenkel angelegt und darf nicht gelöst werden bis zum Eintreffen im Krankenhaus.
● Handelt es sich um Blutungen am

Oben links: Eine Gruppe Wanderreiter trifft entspannt im Ziel ein.
Oben rechts: Am Dorfbrunnen werden die Tiere getränkt.
Unten: Fahrradfahrer und eine Reitergruppe treffen sich. Jeder nimmt Rücksicht und läßt genügend Platz für den anderen.

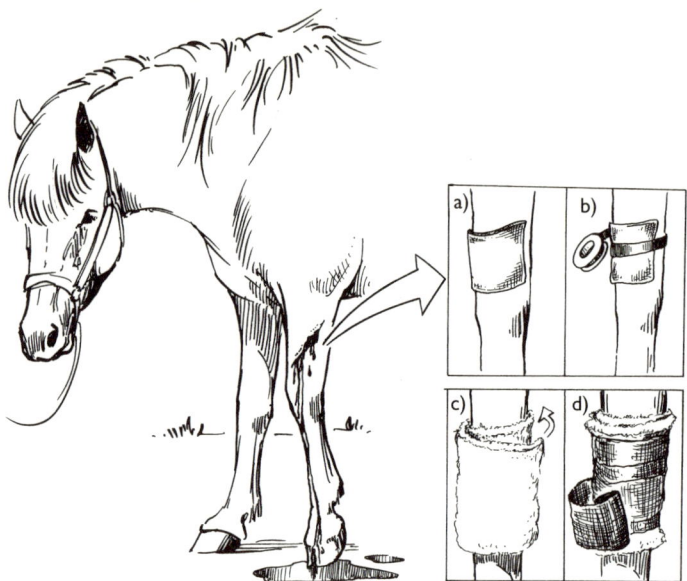

Druckverbände müssen gepolstert werden, um ein Abschnüren von Blutgefäßen, Sehnen und Muskeln zu verhindern.
a) Sterile Wundauflage auflegen
b) Wundauflage fixieren
c) Mit Polstermaterial umwickeln
d) Fixieren des Polstermaterials mit selbstklebender Bandage

Kopf oder im Bereich des Rumpfes und kann hier kein Druckverband angelegt werden, so kann der Helfer die Blutung stillen, indem er keimfreies, weiches Material auf die Wunde preßt.
● Bei Augenverletzungen oder einem Fremdkörper im Auge sind beide Augen zu verbinden, ohne den Fremdkörper zu entfernen.

Schockbehandlung: Verletzte Personen stehen häufig unter Schock (lebensbedrohliche Kreislaufstörung). Daher ist nach einer ausreichenden Versorgung

der Wunde eine Schockbekämpfung notwendig.

Anzeichen für einen Schock sind:
● fahle Blässe
● kalte Haut
● Frieren
● Schweiß auf der Stirn
● Teilnahmslosigkeit

Maßnahmen der Schockbeseitigung:
● Schocklage (Oberkörper flach mit hochgelegten Beinen)
● Verletzten warmhalten und beruhigen (sehr wichtig)

Innere Verletzungen

Knochenbrüche: Die Gefahr bei einem Knochenbruch besteht vor allem in einem Schock durch innere Blutungen oder starke Schmerzen. Daher darf die Bruchstelle nicht bewegt werden. Eine Ruhigstellung erfolgt durch Lagerung oder Polsterung. Als Polstermaterial können Laub oder Kleidungsstücke verwendet werden. Gebrochene Gliedmaßen werden entgegen früherer Meinungen heute nicht mehr geschient. Es besteht die Gefahr einer Embolie.

Abnorm gehaltene Gelenke werden in dieser Lage ruhiggestellt und nicht bewegt.

Bei Verletzungen der Wirbelsäule darf die Lage nicht verändert werden. Es besteht die Gefahr von Bewußtlosigkeit und Atemstillstand.

Ist der Verletzte jedoch bereits bewußtlos, nimmt man eher das Risiko einer eventuellen Lähmung in Kauf, als das Risiko des Erstickens einzugehen.

Innere Blutungen: Bei Verletzungen der inneren Organe kann der Helfer nur beruhigend auf den Verletzten einreden und ihn betreuen. Die Lagerung sollte auf Wunsch des Betroffenen erfolgen, beispielsweise bei Atemnot in halb sitzender Stellung.

Keinesfalls Nahrung, Getränke oder Medikamente einnehmen, bis Hilfe eintrifft!

Kopfverletzungen: Bei den Kopfverletzungen ist zu unterscheiden zwischen einer harmlosen Kopfprellung, einer Gehirnerschütterung und einem lebensbedrohlichen Schädelbruch:
● Eine Prellung des Kopfes ist erkennbar an Beulen oder Blutergüssen. Der Verletzte klagt über Schmerzen und leichten Schwindel. Rasche Schmerzlinderung bringt ein kalter Umschlag.
● Die Anzeichen einer Gehirnerschütterung sind Benommenheit, Gedächtnislücken, Kopfschmerzen, Erbrechen oder Übelkeit. Der Verletzte sollte flach gelagert und beobachtet werden.
● Beim Schädelbruch tritt häufig Sickerblut aus Ohr, Nase und Mund. Die Gesichtsfarbe kann hochrot oder blaß sein, und der Puls verlangsamt sich bis unter 50 Schläge in der Minute. Der Verletzte ist schonend in Seitenlage zu bringen (auch bei Bewußtlosigkeit). Notfall!

Charakteristisch für die Schocklage ist, daß die Unterschenkel höher liegen als der Rumpf.

Unfall – Keine Panik

Nach einem Unfall ist es besonders wichtig, daß die unverletzten Beteiligten Ruhe bewahren und zur richtigen Zeit das Richtige tun. Beispiel: Wanderreitgruppe mit 3 Personen ist unterwegs im Wald. Es kommt zu einem unerwarteten Zwischenfall. Ein Reiter stürzt vom Pferd und bleibt bewußtlos auf der Erde liegen. Was ist zu tun?

1. Die beiden unverletzten Reiter steigen sofort ab, der eine **bindet die Pferde an,** während sich der andere um die bewußtlose Person kümmert.
2. Ohne die Lage des Bewußtlosen zu verändern, werden **Puls und Atmung** kontrolliert.
3. Ist keine Atmung mehr vorhanden, muß der Bewußtlose durch Mund oder Nase **beatmet** werden.
4. Sobald der Verletzte wieder atmet, wird er in die **stabile Seitenlage** gebracht und auf Wunden untersucht.
5. Blutende Wunden werden mit einer keimfreien Auflage bedeckt und verbunden (gegebenenfalls **Druckverband** anlegen).
6. Während der eine Helfer die Erste-Hilfe-Maßnahmen durchführt, begibt sich der andere mit seinem Pferd in den nächsten Ort oder zum nächsten Hof, um von dort den Notarzt zu verständigen. Auf dem Weg dorthin sollte er sich markante Punkte (Wegekreuz, Brunnen, Wasserhochbehälter usw.) merken.

Wichtig ist zudem, daß der Krankenwagen den Unfallort leicht findet. Also unnötige Erklärungen vermeiden und so schnell und präzise wie möglich folgende Informationen weitergeben:

- **Wie viele** Verletzte
- **Zustand** der Verletzten (Bewußtlos, wach, blutend, verrenkte Gliedmaßen usw.)
- **Wo** liegt der Verletzte (Mit Hilfe der topographischen Karte den genauen Standort durchgeben; Orientierungshilfen angeben)
- **Wann** ist der Unfall passiert

Erste Hilfe für das Pferd

Äußere Verletzungen

Wunden an Körper und Beinen: Hier unterscheidet man zwischen großflächigen Wunden (z.B. an den Flanken oder am Bauch) und tiefen Wunden.

Großflächige Wunden werden mit keimfreiem Mull bedeckt. Dann wird großzügig gepolstert, mit Verbandwatte, Equimoll, im Notfall auch mit Kleidungsstücken. Über der Polsterung bringt man eine selbsthaftende Bandage an.

Bei tiefen und zudem stark blutenden Wunden muß zuerst die Blutung gestillt werden. Dies geschieht durch das Anlegen eines Druckverbandes. Auf die Wunde wird keimfreier Mull gelegt, darüber ein fester Gegenstand, z.B. ein ungeöffnetes Päckchen Mull. Dann wird

Ohne Erfahrung mit dem richtigen Umgang nützt auch die beste Erste-Hilfe-Ausrüstung nichts.

die Wunde fest mit Verbandmaterial umwickelt. Auch muß unbedingt mit Watte gepolstert werden.

Auf keinen Fall dürfen Gliedmaßen des Pferdes abgebunden werden, um so eine arterielle Blutung (Blut schießt bei jedem Herzschlag aus der Wunde) zu stillen. Macht man sich einmal deutlich, daß ein durchschnittliches Pferd von 500 Kilo Gewicht etwa 40 Liter Blut in seinem Körper hat und der Verlust bis zu 4 Litern hier absolut unbedenklich ist, erscheint es doch sehr unwahrscheinlich, daß aus einer Wunde am Bein bis zum Eintreffen des Tierarztes mehr herausfließen könnte. Also ist das Abbinden nicht nur gefährlich, da Gliedmaßen ab-

sterben bzw. Gerinnsel entstehen können, sondern auch völlig unnötig. Großer Blutverlust, der über diese Grenze hinausgehen könnte, ist eher zu erwarten bei tiefen und großen Wunden im Bereich des Rumpfes, und hier kann sowieso nicht abgebunden werden.

Alle Verbände an den Beinen und am Kopf müssen **gepolstert** sein, da hier die Gefahr besteht, daß Gewebe mangels Durchblutung abstirbt.

Ebenso dürfen **keine Medikamente** oder Desinfektionsmittel in die Wunde gebracht werden. Sie können den Heilungsprozeß sowie die Übersicht im Wundgebiet erschweren.

Hufverletzungen: Die Hufe können u.a. durch Nageltritte oder Stacheldraht verletzt werden. Bis zum Eintreffen des Tierarztes darf das Pferd nicht mehr bewegt werden. Der Huf ist durch einen

Verband vor weiterer Verschmutzung zu schützen. Fremdkörper werden aufgrund erhöhter Infektionsgefahr nicht entfernt, sondern in den Verband mit eingepackt. Dabei ist zu beachten, daß der Verband den Fremdkörper nicht weiter in die Wunde drückt.

Augenverletzungen: Hat das Pferd einen Fremdkörper im Auge oder eine schwere Entzündung, so ist unbedingt ein Verband anzulegen. Das Tier wird durch den Juckreiz ständig sein Auge an Gegenständen im Stall reiben. Hier besteht die Gefahr, daß das Auge ausläuft.

Satteldruck

Nicht selten erleiden Pferde während des Wanderritts einen Satteldruck. Handelt es sich lediglich um leichte und warme Druckstellen am Pferderücken, kann durch richtige Behandlung der Ritt dennoch fortgesetzt werden: Dazu werden Schwämme in verdünntem Obstessig getränkt und mit Gurten um den Pferdeleib auf der veränderten Stelle befestigt. Starke Schwellungen, offene und infizierte Wunden bedürfen jedoch einer Behandlung durch den Tierarzt. Bis zur völligen Abheilung darf das Tier nicht geritten werden. Der Satteldruck ist jedoch ein trauriger Beweis für den Reiter, daß bei der Vorbereitung etwas falsch gemacht wurde. Entweder ist der Trainingszustand des Tieres nicht ausreichend, der Sattel nicht eingeritten oder das Gepäck falsch verschnallt.

Lahmheit

Lahmt ein Pferd während des Wanderritts plötzlich, so kann dies verschiedene Ursachen haben.

Bei leichtem Satteldruck können Verbände mit Obstessig helfen.

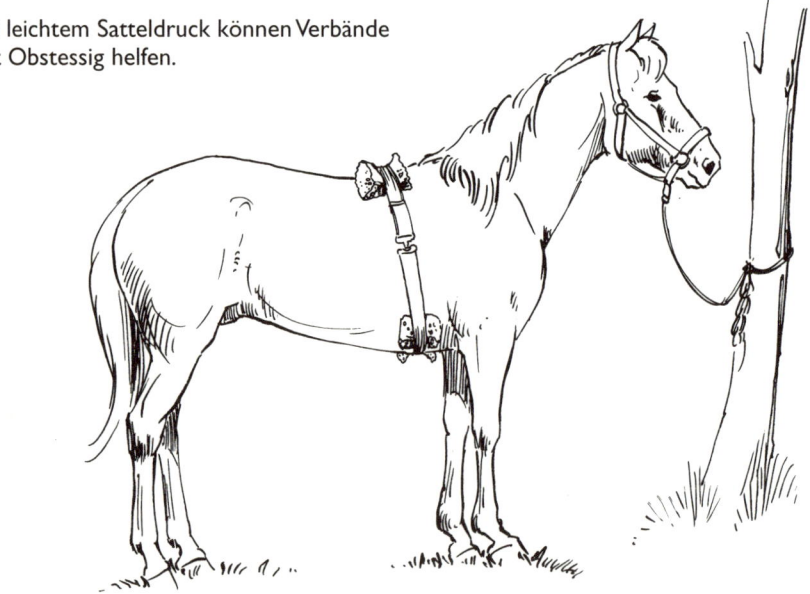

Zuerst sollten die Hufe nach Steinen untersucht werden.

Lahmheit kann aber auch von Überanstrengung der Sehnen oder einem Huftritt herrühren. Eine Überanstrengung der Sehnen deutet auf einen mangelhaften Trainingszustand des Pferdes hin, oder die Tagesetappen sind zu lang bzw. zu anstrengend.

Sind die Sehnen warm oder sogar geschwollen, ist das Pferd weiter zu führen und im schlimmsten Fall bis zum nächsten Quartier zu fahren. Bis zum Eintreffen des Tierarztes kann ein kühlender Verband angelegt werden.

Knochenbrüche

Besteht der Verdacht, daß ein Pferdebein gebrochen ist, so wird zuerst ein Polsterverband angelegt. Darüber wird eine provisorische Schiene mit selbstklebendem Band (Leukotape) angebracht, die die Hufspitze um etwa 3 Zentimeter überragt. Dadurch kann das Pferd das Bein nicht mehr belasten.

Vergiftungen

Beim Durchreiten von Orten oder Parkanlagen besteht die Gefahr, daß Pferde giftige Hecken oder Sträucher anknabbern. Der Reiter muß aus diesem Grund ständig ein Auge auf sein Tier haben.

Symptome einer Vergiftung sind u.a. Koliken, Durchfall, Nervosität, veränderte Pulswerte, Schaumaustritt aus dem Maul und Lähmungen. Es muß umgehend der Tierarzt verständigt werden. Bis dahin können dem Pferd Bach-Blüten-Notfalltropfen (Rescue-Remedy) oder Nux Vomica D6 eingegeben werden.

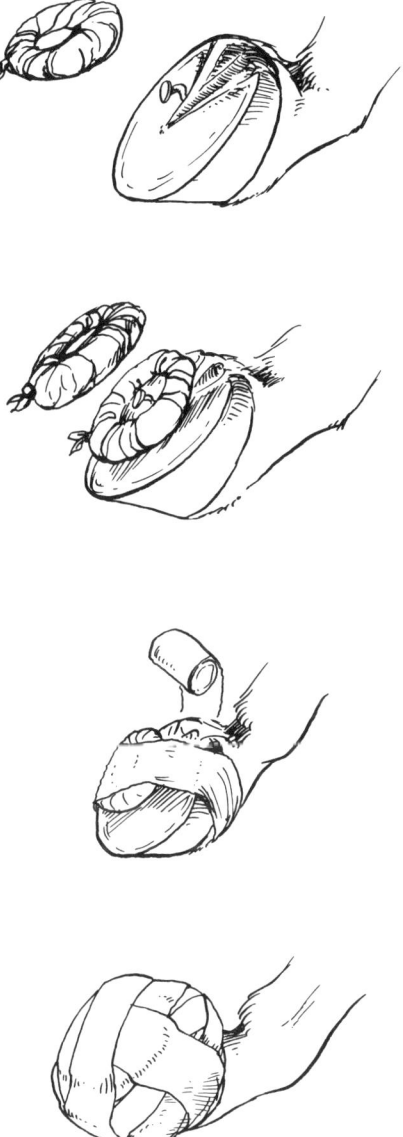

Fremdkörper im Pferdehuf dürfen nicht entfernt werden. Der Verband ist so anzulegen, daß der Fremdkörper nicht weiter in die Wunde eindringt.

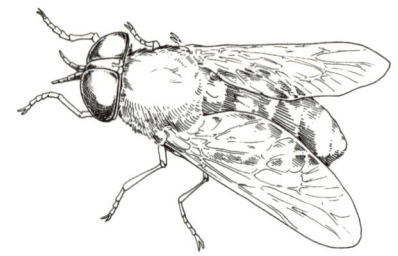

Die Pferdebremse ist nicht nur lästig, sondern für Ekzemer auch gefährlich.

Erste-Hilfe-Ausrüstungen

Für Reiter

Die Erste-Hilfe-Ausrüstung für den Reiter muß ein Minimum an Materialien enthalten, um im Notfall entsprechende Verbände anlegen zu können. Dazu gehören
1 Paar Schutzhandschuhe
2 Wundkompressen
2 Verbandpäckchen
1 Dreiecktuch
1 Rettungsdecke gold/silber
1 Rolle selbstklebendes Band (Leukotape)
Eine solche Reiseapotheke gibt es komplett bereits für 35 Mark im Handel.
Diese Ausrüstung kann auch erweitert werden um Wundschnellverbände, Wundrandtupfer, Verbandschere, Splitterpinzette usw.

Für Pferde

Auch für Pferde werden verschiedene Erste-Hilfe-Ausrüstungspakete angeboten. Die Palette reicht hier vom Mini-Pack für 20 Mark bis zum Erste-Hilfe-Koffer für 300 Mark.
Ein Mini-Pack enthält:
1 selbsthaftende Bandage
1 sterile Wundabdeckung
Polstermaterial
Wenn jeder Reiter ein solches Mini-Pack mitführt, ist man ausreichend für einen Notverband ausgerüstet.
Außerdem sollte die Gruppe mitführen:
1 Thermometer
1 Stethoskop
1 Verbandschere
2 Mullbinden
2 Paar Schutzhandschuhe
1 Anleitung zur Verbandstechnik
1 Zeckenzange

Medikamente

Während schwere Verletzungen bei Pferd und Reiter ohne Medikamenteneinsatz versorgt werden sollen, können Salben, Sprays und Tabletten bei leichten Blessuren rasch Abhilfe schaffen.
Bei wunden Füßen oder Kopfschmerzen werden entsprechende Arzneimittel benötigt. Bei leichten Druckstellen oder Insektenstichen sorgen die richtigen Mittel auch für das Wohlbefinden des Pferdes.
Sinnvoll ist eine kleine Auswahl verschiedener Mittel zur Selbsthilfe:
- Rivanol-Tabletten
- Wundpuder (nicht für Pferde)
- Kautabletten gegen Kopfschmerzen
- Kühlgel
- desinfizierende Sprays oder Salben (nicht für Pferde)
- Obstessig (bei Satteldruck)
- Lippenbalsam
- Sonnenschutzcreme

Erste-Hilfe-Ausrüstungen

Pferd
für jedes Pferd mindestens:
- 1 selbsthaftende Bandage
- 1 sterile Wundabdeckung
- Polstermaterial

für alle Pferde kollektiv:
- 1 Thermometer
- 1 Stethoskop
- 1 Verbandschere
- 2 Mullbinden
- 2 Paar Schutzhandschuhe
- 1 Anleitung zur Verbandtechnik
- 1 Zeckenzange

Reiter
- 1 Paar Schutzhandschuhe
- 2 Wundkompressen
- 2 Verbandpäckchen
- 1 Rettungsdecke gold/silber
- 1 Rolle Tapeverband
- 2 Dreiecktücher
- 2 Wundrandtupfer
- 1 Verbandschere
- 1 Splitterpinzette
- 1 Mullbinde
- 1 Sortiment Wundschnellverband (wasserfest)

Vorbeugende Gesundheitsmaßnahmen

Impfschutz

Einigen Krankheiten kann durch einen Impfschutz vorgebeugt werden, und das ist auch für das Wanderreitpferd unerläßlich. Auf dem Wanderritt werden täglich neue Quartiere angeritten, wo das Pferd auf fremden Koppeln oder in fremden Ställen untergebracht ist. Durch die Anstrengung und Aufregung eines Wanderrittes kann das Immunsystem des Tieres zusätzlich geschwächt sein. Das Pferd wird in den fremden Unterkünften also leichter erkranken als zu Hause. Unerläßlich sind Impfungen gegen Wundstarrkrampf und Tollwut.

Der **Wundstarrkrampf** (Tetanus) ist eine gefährliche Erkrankung, die Tier und Mensch befallen kann. Die Starrkrampfbakterien befinden sich im Darm des Pferdes, wo sie keinerlei Schaden anrichten. Mit dem Kot verlassen sie den Pferdekörper und verteilen sich rasch auf der Oberfläche der Koppel und anderswo.

Gefährlich werden die Bakterien, wenn sie in offene Wunden gelangen. Tiefe Stichwunden sind besonders gefährdet. Aber oft genügen schon kleine Hautrisse an den Beinen oder Händen, um die Infektion ausbrechen zu lassen.

Bis die ersten Symptome erkennbar sind, ist die Krankheit schon weit fort-geschritten. Der Tierarzt kann nur insofern helfen, als er dem Pferdekörper Präparate verabreicht, die den Organismus stärken, bis die Gifte abgebaut sind. Bei einem schwachen Heilungserfolg von ca. 50% sind außerdem Folgeschäden nicht auszuschließen.

Der Impfschutz wird gewährleistet durch eine Grundimmunisierung von zwei Injektionen im Abstand von sechs bis acht Wochen. Die dritte Impfung erfolgt nach einem Jahr und schließlich alle zwei Jahre (Auffrischungsimpfungen).

Die **Tollwut** ist eine Infektionskrankheit, die tödlich verläuft, nicht nur weil keine Heilungsmöglichkeit besteht, sondern weil die Behandlung tollwutkranker oder tollwutverdächtiger Tiere vom Gesetzgeber verboten wurde. Diese Tiere werden von den zuständigen Veterinärbehörden beschlagnahmt, und je nach Lage des Falles wird die Beobachtung oder Tötung angeordnet. Der bloße Tollwutverdacht kann also für jedes Pferd das Todesurteil bedeuten.

Grundimmunisiert wird durch eine Impfung, die dann jährlich wiederholt werden muß.

In der täglich wechselnden Umgebung während des Wanderritts, in häufigem Kontakt zu fremden Pferden ist auch die Gefahr einer Ansteckung mit **Influenza**

Wann soll geimpft werden?

Tetanus
1. Grundimmunisierung durch 2 Injektionen im Abstand von 4 bis 6 Wochen
2. Erneute Impfung nach einem Jahr
3. Auffrischung alle 2 Jahre

Tollwut
1. Grundimmunisierung durch 1 Injektion
2. Jährliche Auffrischung

Herpes/Influenza
Zweimal jährlich je eine Injektion

Wann soll entwurmt werden?
1. Mindestens viermal jährlich, beginnend beim Weideauftrieb, in der Mitte und am Ende der Weidesaison, spätestens Ende der Dasselflugzeit
2. Bei kleinen Weiden mit starkem Kotvorkommen alle 4 bis 6 Wochen

oder **Herpes** nicht zu unterschätzen. Hier wird in sechsmonatigem Intervall geimpft.

Entwurmen

Zu den unangenehmen Pflichten des Pferdehalters gehört die Entwurmung, da die Kooperation der Pferde auf diesem Gebiet sehr zu wünschen übrig läßt.

Regelmäßiges Entwurmen dient nicht nur der Gesundheit des eigenen Tieres. Der Wanderreiter sollte das ihm zur Verfügung gestellte Quartier ordnungsgemäß wieder verlassen. Dazu gehört auch, daß man in den gastgebenden Stall keine Krankheiten oder Parasiten einschleppt.

Die Gefahr durch Wurmbefall darf nicht unterschätzt werden. Diese Parasiten können zu lebensgefährlichen Gesundheitsstörungen führen. Stark verbreitet sind Blut- oder Palisadenwürmer, Spulwürmer, Zwergfadenwürmer, Pfrie-

menschwänze, Bandwürmer und Magendasseln.

Die Larven dieser Wurmarten nisten sich im Magen- und Darmbereich der Tiere ein. Je nach Intensität des Befalls verursachen sie starke Verdauungsstörungen, die zum Absterben ganzer Darmabschnitte führen können. Die meisten Wurmarten lassen sich mit den auf dem Markt befindlichen Medikamenten gut bekämpfen.

Nicht zu unterschätzen ist die Gefahr, die von den **Bandwürmern** ausgeht.

Bislang glaubte man, daß Bandwürmer recht selten und auch nicht gefährlich seien.

Der Bandwurm läßt sich nur schwer nachweisen. Einzelne Kotproben geben keine zuverlässige Aussage, sondern sind mehrfach zu wiederholen.

Schätzungen zufolge soll jedes zweite Pferd von diesen Parasiten befallen sein. Mit geringem Befall können Pferde immer noch leistungsfähig sein, Alter oder Krankheit jedoch schwächen den

Allgemeinzustand, und die Würmer können ihren Angriff auf den Organismus weiter ausdehnen. Ursache für den weitverbreiteten Befall mit dieser Wurmart ist der schlechte Zustand vieler Weiden.

Der Bandwurm benötigt bis zu seinem Reiseziel im Darm des Pferdes einen Zwischenwirt.

Untersuchungen haben ergeben, daß er mit Vorliebe in den **Moosmilben** auf der Koppel nistet.

Also: Übermäßig viel Moos auf der Koppel kann auf einen Bandwurmbefall hindeuten.

Pferde mit ganzjährigem Weidegang müssen entsprechend häufiger entwurmt werden. Je kleiner die Koppel ist, um so größer ist der Infektionsherd.

Tägliches Abmisten ist also eine vorbeugende Maßnahme gegen Parasiten!

Die Anzahl der erforderlichen Entwurmungen ist je nach Haltung verschieden. Es sollte jedoch mindestens viermal jährlich entwurmt werden. Für Pferde, die ganzjährig Weidegang auf entsprechend kleinen Koppeln haben, wird eine Entwurmung alle vier bis sechs Wochen empfohlen.

Zusätzlich ist eine besondere Entwurmung gegen **Dasselfliegen** notwendig. Die Dasselfliege legt ihre Eier, die an kleinen, gelben Pünktchen erkennbar sind, mit Vorliebe an den Pferdebeinen ab. Die Larve schlüpft noch auf dem Fell. Der dadurch ausgelöste Juckreiz veranlaßt die Pferde zum Lecken und Reiben der Beine. So gelangen die Larven schließlich in den Magen.

Ab September ist mit einem Befall zu rechnen, der im Oktober erstmals bekämpft werden kann. Da die Eier bis zum Winteranfang an den Pferdebeinen kleben, muß vier Wochen nach deren Verschwinden (Ende Dezember/Anfang Januar) erneut entwurmt werden.

Rechts: Boxenhaltung in Verbindung mit mangelnder Bewegung, schlechter Lüftung und übermäßiger Fütterung macht Pferde psychisch und physisch krank.

Pferdehaltung

Psychische Ausgeglichenheit und körperliche Gesundheit eines Lebewesens sind in erster Linie von dessen Lebensbedingungen abhängig. Für das Wohlergehen des Pferdes, wie auch für andere Tiere, ist eine artgerechte Haltung Grundvoraussetzung. In der Pferdehaltung werden unzählige Methoden praktiziert, die von absolut artgerecht bis tierschutzwidrig reichen. Zu den häufigsten Arten der Haltung gehören die herkömmlichen Boxen und die Offenställe.

Boxenhaltung

Eine für das Bewegungstier Pferd weniger angenehme Lebensbedingung ist die Boxenhaltung. Wohl jeder kennt die riesigen Anlagen, in denen Pferde nebeneinander in Boxen untergebracht sind. Dabei stehen die Pferde auf täglich frisch eingestreutem Stroh oder auf einer Matratze, die aus Kot, Urin und Stroh besteht, und täglich wird frisches Stroh darübergestreut. Hier frißt und schläft jedes Pferd für sich allein. Sicher ist der Nutzen für den Menschen sehr groß, denn das Pferd kann ohne jede Mühe jederzeit aus seiner Umgebung herausgeholt, geputzt und geritten werden. Die meisten Pferde stehen, insbesondere im Winter, mehr als 90% des Tages in solchen Boxen. Der Sozialkontakt zu anderen Artgenossen ist gering und findet meist nur zwischen den Gitterstäben statt. In wärmeren Jahreszeiten kommen sie stundenweise auf die Koppel.

Offenstallhaltung

Offenställe entsprechen in wesentlichen Dingen den Ansprüchen des Herdentieres Pferd.

Hier gibt es zahlreiche Variationen, wie die Einzelbox mit Auslauf oder den Großraumstall mit gemeinsamem Auslauf. Meistens jedoch stehen mehrere Pferde ganzjährig gemeinsam auf einer Koppel. Sie schlafen, fressen und toben gemeinsam. Für die ungünstige Witterung steht ihnen ein Großraumstall mit drei Wänden und einem Dach zur Verfügung. Dieser Unterstand wird mit den verschiedensten Materialien wie Hobelspänen, Stroh oder Rindenmulch eingestreut. Heu wird für alle gemeinsam in einer Futterraufe angeboten, Wasser

Die Offenstallhaltung entspricht den artspezifischen Bedürfnissen des Pferdes.

gibt es aus dem Bach oder einer Tränke (z.B. Badewanne). Kraftfutter wird allen Tieren gleichzeitig angeboten.

Diese verschiedenen Arten der Haltung haben Auswirkungen auf das Verhalten der Pferde sowie ihre körperliche und geistige Konstitution.

Auswirkungen auf die Psyche

Herdenverhalten: Das Pferd ist ein Herdentier, das heißt, es braucht nichts notwendiger als die Gesellschaft seiner Artgenossen. Es sucht den körperlichen Kontakt zu seinesgleichen, sei es, um seine Kräfte zu messen oder Sozialkontakte zu pflegen. Pferde haben eine genau festgelegte Rangordnung. Vom ranghöchsten bis zum rangniedrigsten Tier nimmt jeder seinen Platz in der Pferdegesellschaft ein. Rangkämpfe bringen zeitweise neue Plazierungen. Die Offenstallhaltung ermöglicht den domestizierten Tieren ein Dasein, wie es beim Leben in der freien Wildbahn ähnlich wäre.

Die Boxenhaltung verhindert dagegen dieses natürliche Herdenverhalten.

Erfahrungen haben gezeigt, wie unterschiedlich sich Offenstallpferde und Boxenpferde auf Wanderritten verhalten. Die Offenstallpferde reagieren meist gelassen auf die neuen Artgenossen, während Boxenpferde sichtlich nervöser sind. Sie sind häufig ungeduldiger und stürmischer, was nicht zuletzt auf ein Bewegungsdefizit zurückzuführen ist. Die Boxenpferde geben sich auch oftmals unsicher im Verhalten gegenüber neuen Artgenossen. Nicht zuletzt zeigen sie ihre Unsicherheit in aggressivem Verhalten. Häufig legen solche Pferde die Ohren an und schnappen nach dem Nachbarn, was von seiten des Reiters unbedingt zu unterbinden ist.

Sicherlich gibt es auch Ausnahmen, wo Boxenpferde ruhig und Offenstallpferde unausgeglichen reagieren. Es ist aber nicht die Regel.

Selbstbewußtsein: Jedes Pferd besitzt ein mehr oder weniger stark ausgeprägtes Selbstbewußtsein. Entsprechend ist sein Rang im Herdenverband.

Nicht immer sind die stärksten und größten Tiere auch zugleich die ranghöchsten.

Offenstallpferde müssen immer wieder ihren Platz behaupten. Erfahrungen haben gezeigt, daß Pferde auch Selbstbewußtsein durch ihren Reiter erlangen können. So hat sich eine Stute, die in ihrem Herdenverband mit fast 50 Tieren immer eine untergeordnete Rolle spielte, im Laufe vieler Wanderritte zu einem erstklassigen Führpferd entwickelt. Mutig betritt sie heute als erste mit ihrem Besitzer die Fähre oder zeigt den anderen, daß die Brücke über dem rauschenden Wasserfall wirklich kein Grund zur Sorge ist.

Verhaltensauffälligkeiten: Verhaltensauffälligkeiten werden häufig bei Boxenpferden beobachtet, resultierend aus fehlendem Sozialkontakt und akutem Bewegungsmangel. Unter anderem gehören dazu auch Koppen und Weben. Während die Kopper ständig eine Kante in ihrem Stall suchen, an der sie ihre Schneidezähne andrücken, um ruckartig Luft einzusaugen, schaukeln die Weber unaufhörlich mit Kopf und Hals hin und her. In manchen Fällen sind diese Neurosen so stark, daß die Pferde sie auch bei Änderung der Haltung nicht mehr ablegen.

Das Koppen ist eine gefährliche Verhaltens-
störung gelangweilter Pferde.

Auswirkungen auf den Körper

Konstitution: Das Pferd ist von seinem Körperbau her ein Bewegungstier. Die Organe, die Muskulatur und der Knochenbau sind auf Bewegung konzipiert. Nimmt man dem Pferd Bewegungsmöglichkeiten, so geschieht das gleiche wie mit einem Menschen, der nur noch im Bett liegt. Die Muskulatur bildet sich zurück, die Sehnen verkürzen sich, der gesamte Bewegungsapparat degeneriert.

Neben ausreichender Bewegung benötigt ein Pferd frische Luft. Unter den Haustieren hat es die größte Lunge, die zudem sehr leistungsfähig, aber auch sehr empfindlich ist. Infektionskrankhei-
ten und allergische Reaktionen sind die häufigsten Erkrankungen des Atmungsorgans.

In geschlossenen Ställen ist die Luftfeuchtigkeit zu hoch. Dazu kommt die Schadstoffbelastung der Luft mit Staub und Ammoniak.

Immunsystem: Der Pferdekörper bedarf einer natürlichen Abhärtung, um dauerhaft gesund und leistungsfähig zu sein.

Oben: Nach einer langen Etappe stehen die Tiere ruhig auf der Fähre, die sie sicher über den Rhein bringt.
Unten: Für die Nacht sollten die Tiere in einem sicheren Paddock untergebracht werden.

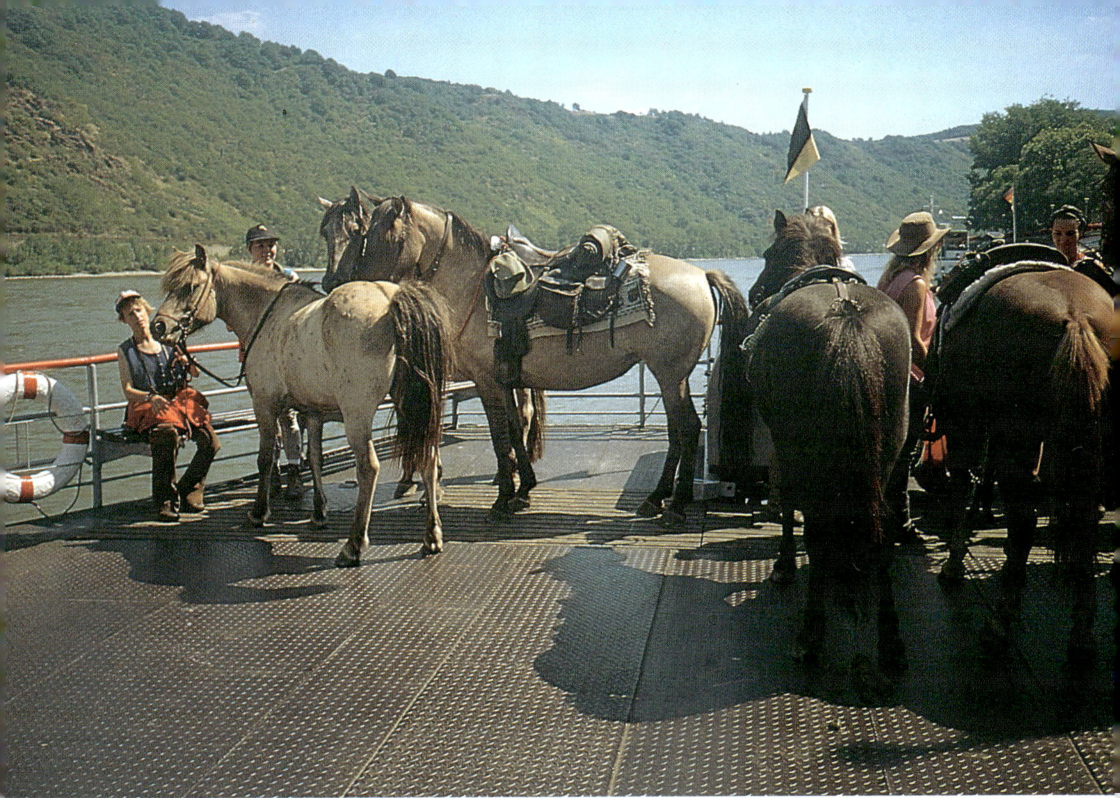

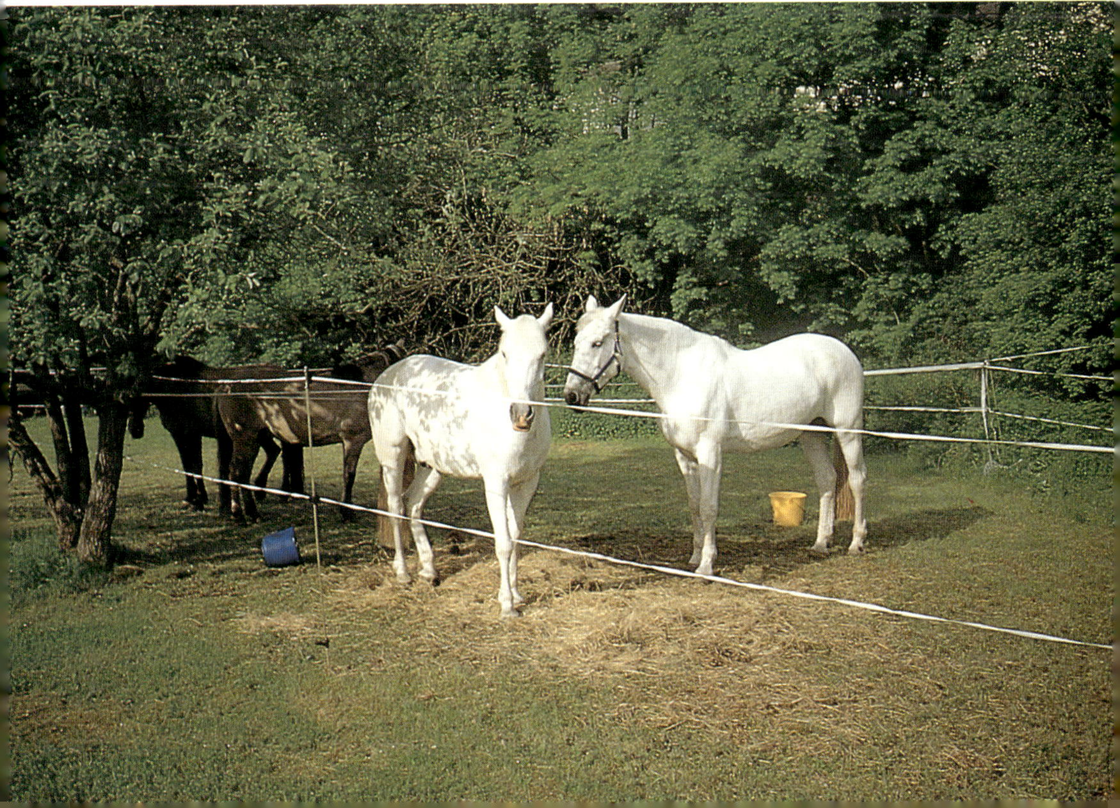

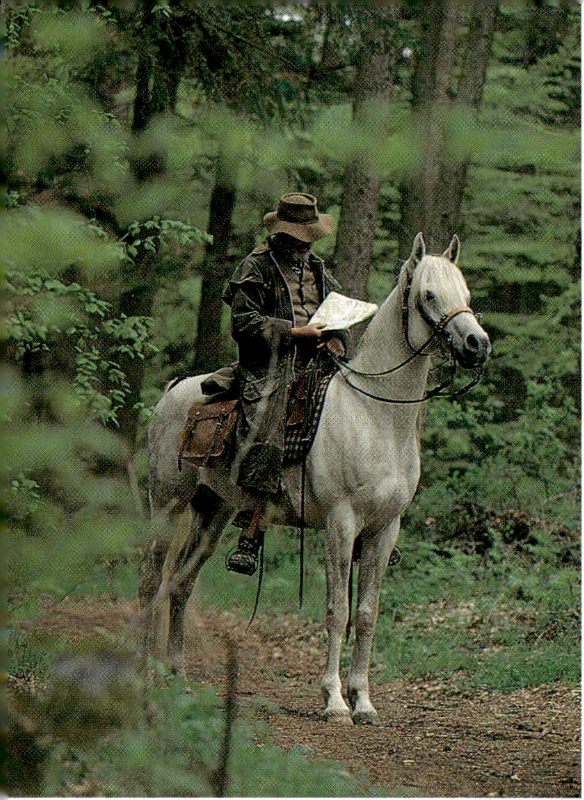

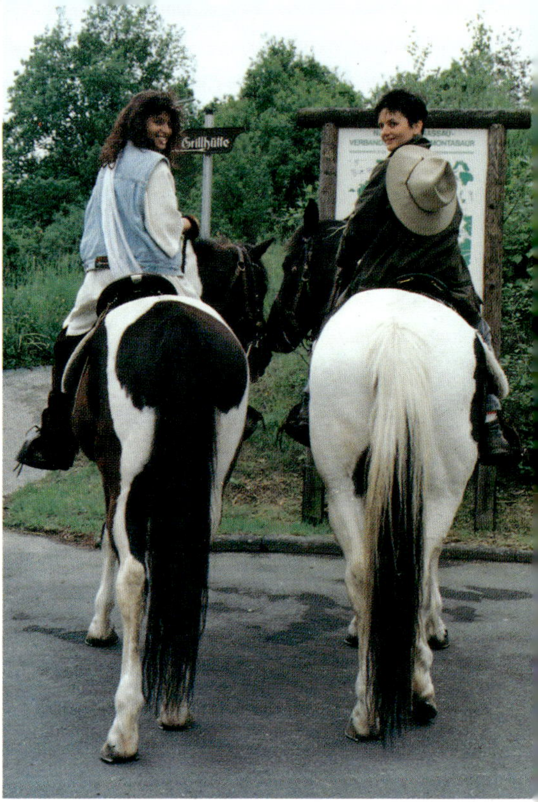
Grillhütte

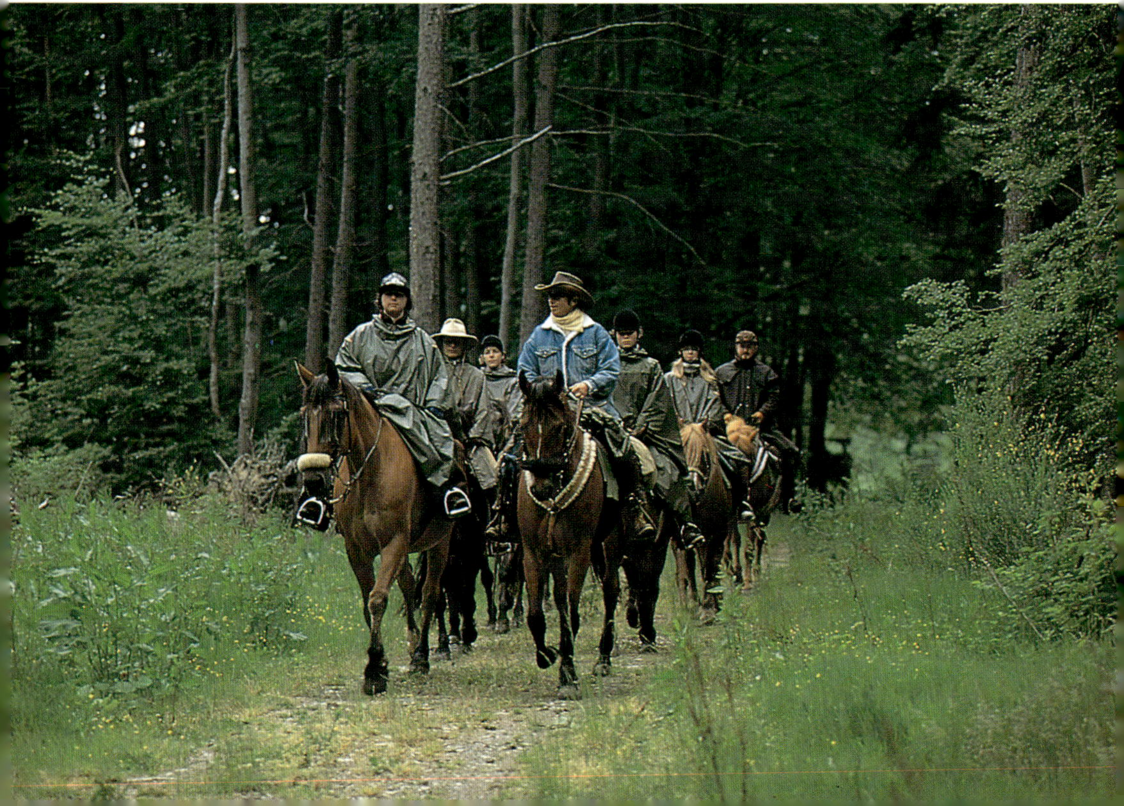

Links: Vertraut im Umgang mit Karten, hat
der Wanderreiter keine Probleme mit der
Strecke.
Rechts: Zwei Amazonen orientieren sich
vor dem Abritt auf einer großen Wander-
karte.
Unten: Geordnet im Verband reitet diese
Gruppe durch den Wald.

Ein Pferd, das ganzjährig in einem
Offenstall gehalten wird, paßt sich den
Witterungsbedingungen an. Während
das Fell im Sommer kurz und dünn ist,
wird es mit zunehmender Kälte immer
länger und dichter. Das kürzere, dichte

Fell am Körper verhindert, daß die
Kerntemperatur des Körpers sinkt, während die längeren Härchen Wasser ab-
leiten.

Pferde, die nicht an Regen, Schnee
und Kälte gewöhnt sind, haben ein
schwächeres Immunsystem. Problematisch wird dieser Umstand bei einem ver-
regneten Wanderritt. Besonders im
Frühjahr, aber auch im Sommer kann es
tagelang regnen und stürmen. Wenn
dann im Nachtquartier für das Pferd nur
eine Koppel ohne Unterstand bereit-
steht, kann ein nicht abgehärtetes Pferd
erkranken, obwohl es ausreichend ein-
gedeckt ist.

Füttern und Tränken

Das Pferd kann dem Menschen seine Bedürfnisse und Ansprüche nicht sprachlich mitteilen. Ein domestiziertes Pferd ist von dem Wissen, Interesse und der Aufmerksamkeit des Menschen abhängig. Für seine wild lebenden Artgenossen hat die Natur den Tisch gedeckt. Auf riesigen Territorien mit mehreren tausend Hektar wählt das Pferd seine Nahrung selbst aus. Ständig auf der Suche nach verschiedenen Kräutern und Gräsern, legen die Tiere täglich zwischen 10 und 30 Kilometer zurück. Der tägliche Besuch weit entfernter Wasserstellen verschafft ihnen die für ihr kompliziertes Verdauungssystem notwendige Bewegung. So ist das Pferd in einem funktionierenden Ökosystem optimal versorgt. Das Haustier Pferd dagegen frißt, was der Mensch ihm serviert. Mit dieser Ernährung nimmt der Mensch Einfluß auf die körperliche und geistige Verfassung des Tieres.

Um ein Pferd ausgewogen zu ernähren, muß der Bedarf an Nähr- und Energiestoffen ermittelt werden, der von Rasse, Temperament, Leistung, Jahreszeit und der persönlichen Futterverwertung eines Tieres abhängig ist. Der Futtermittelbedarf kann mit Hilfe tabellarischer Ausarbeitung in der Fachliteratur selbst errechnet werden. Der Tierarzt kann durch Blut-, Gewebe- und Kno-chenanalysen feststellen, ob die verabreichten Futtermittel den Organismus ausreichend versorgen.

Fütterung vor dem Wanderritt

Zur Vorbereitung des Pferdes auf einen Wanderritt gehört die Konditionierung. Konditionierung bedeutet die Steigerung der körperlichen Leistungsfähigkeit. Dadurch wird in erhöhtem Maße Energie verbraucht. Um den erhöhten Energiebedarf des Körpers zu decken, hat der Organismus des Pferdes die Möglichkeit, aus seinen Reserven zu schöpfen, oder er stellt sich auf eine vermehrte Energieaufnahme aus einer erhöhten Futterration ein. Dem Pferdehalter kommt in diesem Fall die Verantwortung der Futterzuteilung zu. Dabei ist es nicht unbedingt notwendig, die bisher gefütterte Futtermittelsorte zu wechseln. Wer ein ausgewogenes Mischfutter gibt, muß lediglich die Rationen im Verhältnis zur Intensivierung des Trainings erhöhen.

Genauso wie dem Pferd innerhalb eines Zeitraums von etwa 6 Wochen doppelte Leistung abverlangt wird, erhöht man die Futtergabe um das Doppelte.

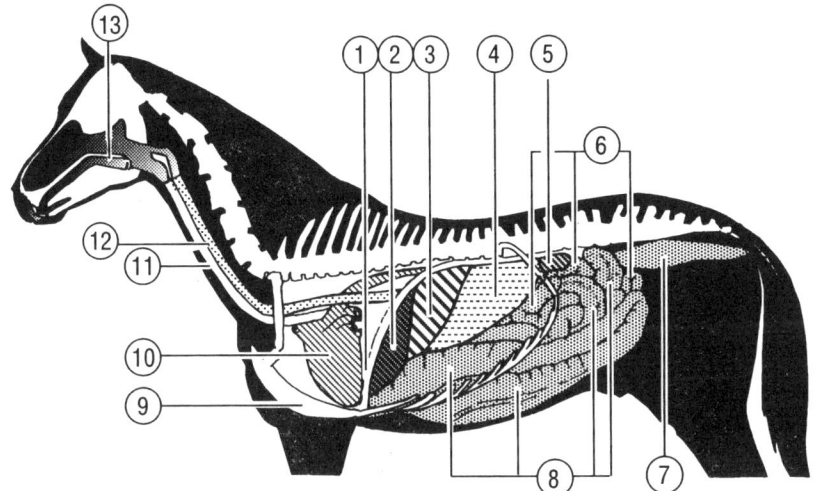

Das Pferd besitzt einen komplizierten Ver-
dauungstrakt. Um Koliken zu vermeiden,

muß bei der Fütterung auf größte Sorgfalt
geachtet werden.

① Zwerchfell
② Leber
③ Magen
④ Milz

⑤ Niere
⑥ Dünndarm
⑦ Mastdarm

⑧ Dickdarm
⑨ Brustbein
⑩ Herz

⑪ Luftröhre
⑫ Speiseröhre
⑬ Maulröhre

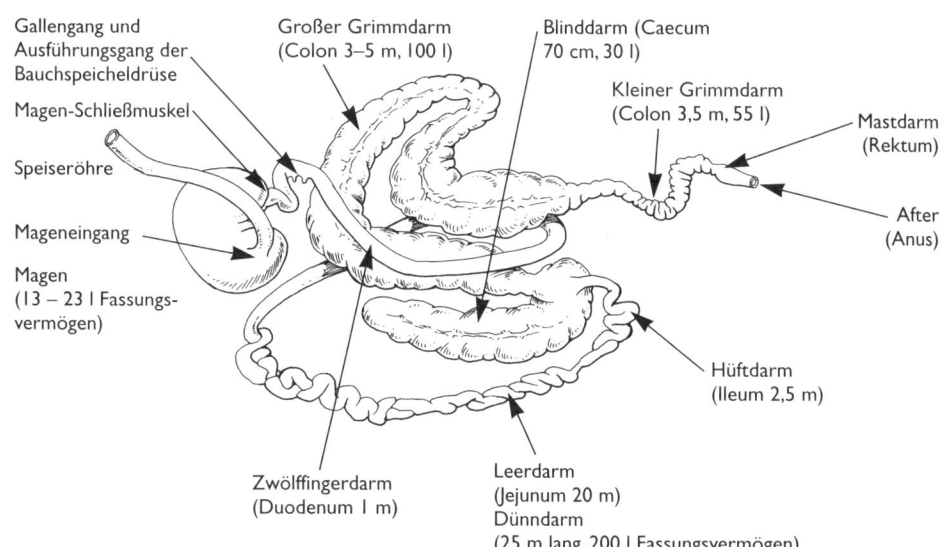

Gallengang und
Ausführungsgang der
Bauchspeicheldrüse

Magen-Schließmuskel

Speiseröhre

Mageneingang

Magen
(13 – 23 l Fassungs-
vermögen)

Großer Grimmdarm
(Colon 3–5 m, 100 l)

Blinddarm (Caecum
70 cm, 30 l)

Kleiner Grimmdarm
(Colon 3,5 m, 55 l)

Mastdarm
(Rektum)

After
(Anus)

Hüftdarm
(Ileum 2,5 m)

Zwölffingerdarm
(Duodenum 1 m)

Leerdarm
(Jejunum 20 m)
Dünndarm
(25 m lang, 200 l Fassungsvermögen)

Folgen falscher Fütterung

Das Verdauungssystem des Pferdes bedarf zur einwandfreien Funktion unbedingt einer gewissen Kontinuität. Wird das Kraftfutter rapide erhöht oder gewechselt, kann dadurch die Verdauung gestört werden. Erstes Symptom einer solchen Verdauungsstörung ist die Kolik: Das Pferd ist unruhig, nervös, wirft sich auf den Boden und wälzt sich, denn es hat Bauchschmerzen. Im Fall von zu üppigen Kraftfuttermahlzeiten kommt es häufig zu den sogenannten Feiertagskrankheiten: Hufrehe und Verschlag. In beiden Fällen ist dem Pferdekörper mehr Eiweiß zugeführt worden, als er verbraucht.

Genauso schlecht wirken sich längere Futterpausen aus. Liegen zwischen zwei Kraftfuttermahlzeiten mehr als 12 Stunden, so nehmen die Zahl und Aktivität der Darmbakterien bereits deutlich ab. Nach solchen Tagesetappen eines Wanderrittes wird direkt nach Ankunft nur Heu und Wasser gegeben. Erst ein bis zwei Stunden später, wenn sich die Darmflora wieder normalisiert hat, wird Kraftfutter angeboten.

Füttern in fremder Umgebung

Von Natur aus ein Fluchttier, ist das Pferd besonders in fremder Umgebung mißtrauisch. Zuhause wird meistens aus denselben Behältnissen, am gleichen Ort und zur gleichen Zeit gefüttert.

Auf einem Wanderritt wird täglich ein neues Quartier angeritten. Dabei erfährt das Pferd viele Eindrücke, fremde Gerüche und Artgenossen. Dennoch soll in dieser unvertrauten Umgebung eine gute Futteraufnahme und -verwertung erfolgen. Am besten gewöhnt man das Pferd bereits vor dem Ritt an bestimmte Veränderungen. Mit Ausnahme der

Falsche oder übermäßige Ernährung machen das Pferd fett, träge und schließlich krank.

Alle Tiere haben eine innere Uhr.
Sie verlangen regelmäßige und
pünktliche Fütterung.

Fütterungszeit, die nicht verändert werden soll, kann man jedoch dem Pferd beibringen, aus verschiedenen, auch farbigen Behältnissen zu fressen. Ist das Pferd nur Selbsttränken gewöhnt, sollte man Wasser auch in Eimern reichen, sowie bei heimischen Ausritten aus Dorfbrunnen oder Bächen trinken lassen.

Fütterung während des Wanderritts

Futtermittelsorte

Während des Wanderrittes gibt es verschiedene Möglichkeiten der Versorgung mit Kraftfutter. Entweder wird Kraftfutter täglich vor Ort gekauft, was natürlich ein Risiko darstellt. Hafer ist wohl fast überall erhältlich, aber bestimmte Mischfuttersorten bekommt man kaum in einem 300-Seelen-Ort im Elsaß oder im Odenwald.

Eine andere, sicherlich sinnvollere Lösung ist das Deponieren von Kraftfutter am Nachtquartier. Dabei muß einige Tage vor Beginn des Wanderritts das Futter, in Portionen abgepackt, bei den einzelnen Stationen abgegeben werden. Dies ist dann kein Mehraufwand, wenn die Nachtquartiere unbekannt sind und vor dem Wanderritt ohnehin bei jedem Gastgeber ein kleiner Vorstellungsbesuch erfolgt.

Die dritte und sicherste Alternative ist das Mitführen des Kraftfutters im Troßfahrzeug. Dabei wird der Bedarf vorher ausgerechnet und eingepackt. Es kann sogar aus eigenen Eimern und auch während der Mittagsrast Kraftfutter verabreicht werden.

Qualitätsbeurteilung von Heu

Auf dem Wanderritt wird täglich eine neue Station angeritten. Somit erhalten die Pferde täglich anderes Heu, dessen Qualität bereits äußerlich leicht erkennbar ist.

Bei intensiv grüner Farbe, aromatischem und frischem Geruch handelt es sich mit hoher Wahrscheinlichkeit um sehr günstige Erntebedingungen.

Heu, das verbrannt, muffig oder sogar faul riecht und mehr braun als grün aussieht, hat sich bei der Lagerung überhitzt, wurde in feuchtem Zustand gepreßt oder falsch gelagert. Zum Füttern ist es ungeeignet bzw. gesundheitsschädigend, unter anderem auch für den Menschen, der daran riecht.

Auch beim Anfassen werden Qualitätsunterschiede deutlich. Je zarter und weicher sich das Heu anfühlt, um so geringer ist der Rohfasergehalt. Es wurden also mehr Blätter und weniger Stengel verarbeitet. Ist das Heu unangenehm kratzig, so wurden neben zahlreichen Stengeln außerdem noch Disteln eingepreßt. Hier besteht die Gefahr von Verdauungsstörungen.

Klammes und feuchtes Heu ist entweder noch nicht ausgetrocknet, wurde zu fest gepreßt und eventuell noch falsch gelagert. Es kann von Schimmelpilzbefall ausgegangen werden, der die Gesundheit der Tiere gefährdet.

Fütterungszeiten

Gefüttert werden sollte auch während des Wanderrittes zur gleichen Zeit wie daheim. Allerdings sind Verdauungs- und Ruhezeiten zu beachten. Also auf keinen Fall unmittelbar nach Kraftfuttereinnahme losreiten oder während des Fütterns putzen und satteln. Auch der Mensch springt nach einem üppigen Mahl nicht vom Tisch auf und joggt kilometerweit durch den Wald.

Es empfiehlt sich, dem Pferd morgens direkt nach dem Aufstehen Kraftfutter anzubieten. (Wasser und Heu sollten die ganze Nacht über zur Verfügung stehen.) Danach kann der Reiter sich seinen morgendlichen Aktivitäten widmen, wie frühstücken oder Schlafsack, Kleidung und Toilettenartikel wieder in den Satteltaschen verstauen. Bei dieser Zeiteinteilung hat das Pferd mindestens eine Stunde, um das eingenommene Kraftfutter zu verdauen.

In der Mittagspause reicht es aus, das Pferd eine Stunde grasen zu lassen. Häufig haben die Tiere während der Mittagsrast keinen ausgeprägten Appetit. Nach dem Genuß einiger Gräser und Kräuter dösen sie lieber an einem schattigen Ort. Bei Ankunft im Quartier sollen die Pferde zuerst Heu fressen oder auf die Weide gestellt werden. Dadurch wird die Magen- und Darmtätigkeit angeregt, und es besteht nicht die Gefahr einer Überladung des Magens (z.B. durch gierige Aufnahme von Kraftfutter).

Beim Reiten durch Ortschaften ist darauf zu achten, daß die Pferde nicht an überhängenden Zierhecken und -sträuchern in Vorgärten knabbern, da diese meistens giftig sind.

● Giftige Pflanzen des Waldes:
Adlerfarn, Adonisröschen, Fingerhut, rote Heckenkirsche, Jakobs-Kreuzkraut, Maiglöckchen, bittersüßer Nachtschatten, Pfaffenhütchen, Schöllkraut, Seidelbast, Ginster, schwarze Tollkirsche.

● Giftpflanzen auf Weiden und Wiesen, an Bachufern und Wegrändern:
weißer Germer, Hahnenfuß, Gundermann, Herbstzeitlose, Hundspetersilie, schwarzer Nachtschatten, Giftwasserschierling, Sumpfschachtelhalm.

● In Parkanlagen und Vorgärten ist bei folgenden Pflanzen Vorsicht geboten:
Buchsbaum, Eibe, Goldregen, Lebensbaum, Lupine, Rhododendron, Gift-Sumach.

Bei den meisten Pflanzen sind Stengel, Blätter, Wurzeln und Früchte giftig. Einige führen bereits nach kurzer Zeit und geringen Einnahmen zum Tod.

Die Symptome einer Vergiftung sind bei allen Pflanzenarten ähnlich:

Lähmungen, Kolik, Puls- und Atembeschleunigung, Erregung, Unruhe, Veränderung des Kots oder Speichelfluß.

Fütterung nach dem Wanderritt

Nach Beendigung des Wanderrittes muß die Futtermittelzufuhr wieder entsprechend dem Leistungsaufwand zurückgeführt werden. Genauso wie die Anforderung an die körperliche Leistung nicht plötzlich umgestellt werden kann, muß auch die Futtermittelzufuhr wieder langsam den verminderten Anforderungen angepaßt werden.

Kleine Hufkunde

Bevor es auf einen längeren Ritt geht, muß sich der angehende Wanderreiter grundsätzliche Gedanken über den zweckmäßigen Hufschutz seines Tieres machen.

Wie wichtig dieses Thema ist, bezeugen zahlreiche Bücher sowie unzählige Veröffentlichungen und Beiträge in den verschiedenen Fachzeitschriften. Aus diesem Grund kann in diesem Kapitel nur das Problembewußtsein geweckt oder weiter gestärkt werden, damit ein Wanderritt nicht schon nach kurzer Zeit beendet ist.

Der Huf hat eine lange Entwicklungsgeschichte hinter sich. Die Natur sorgte für eine optimale Beschaffenheit der Hufe, und kein Mensch wirkte auf sie ein. Auch die wildlebenden Mustangs in den USA machen seit Jahrzehnten eine ähnliche Entwicklungsphase durch. Dies sollte durchaus zum Überlegen anregen, wenn über einen sinnvollen Schutz und Pflege diskutiert wird. Die gesündeste Form für das Pferd ist noch immer das Barfußlaufen. Wenn die Beschaffenheit des Geläufs, auf dem jeden Tag geritten wird, dies nicht zuläßt, oder ein längerer Ritt in unbekanntem Gelände geplant wird, ist ein wirksamer Hufschutz nötig.

Barfuß – Eisen – Kunststoff

Barfuß

Der verantwortungsbewußte Reiter kennt die Beschaffenheit der Hufe seines Tieres und weiß, ob er seinen vierbeinigen Freund mit einem Hufschutz oder barfuß reiten kann.

Ist das Geläuf bekannt und die zu reitende Strecke führt über weiche Böden, naturbelassene Feld- und Wiesenwege, ist ein Schutz wohl nicht erforderlich. Geht es aber in unbekanntes Gelände und die Beschaffenheit der Wege wurde vorher nicht erkundet, ist der Reiter auf einen Beschlag unbedingt angewiesen.

Unbeschlagener Huf

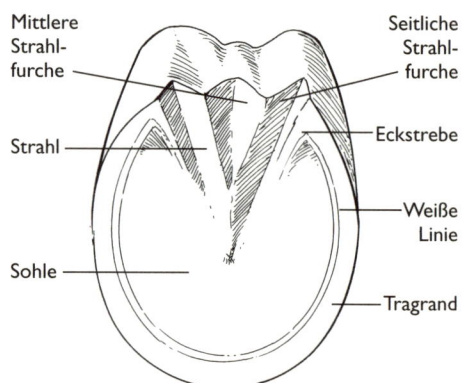

Mittlere Strahlfurche

Seitliche Strahlfurche

Strahl

Eckstrebe

Weiße Linie

Sohle

Tragrand

»Jeder sollte den für seine Situation angemessenen Hufschutz wählen und auf der Leiter der verschiedenen Hufschutzarten immer wieder auf- und absteigen«, schreibt Hufexperte Armin Kasper in seinem Buch »Hufkurs für Reiter«. Er fordert Reiter und Hufschmiede auf, sich den Alternativen nicht zu verschließen. Inzwischen gibt es zu den althergebrachten Hufeisen zahlreiche Alternativen, die, richtig ausgewählt, ebenso zweckmäßig sind. Letztendlich sollte der Hufschmied eine objektive Entscheidung zugunsten des Pferdes treffen! Hufschutz ist aber oft notwendig.

Kunststoff als Alternative

Seit einigen Jahren kreist das Schlagwort »alternativer Hufschutz« in den Freizeitreiterkreisen. Distanz- und Wanderreiter erkannten zweifellos als erste die Bedeutung von Kunststoffplatten als Alternative zum herkömmlichen Eisen. Besonders gefiel ihnen, daß die Barfußlaufeigenschaften nur unwesentlich verändert werden und man so den Bedürfnissen des Tieres am nächsten kommt. Darüber hinaus gibt es sehr genaue Studien, die belegen, daß die heute gebräuchlichen Kunststoffplatten durchaus eine Alternative zum herkömmlichen Eisen sein können. Auch die Industrie beginnt sich auf den neuen Markt einzustellen und bietet verschiedene Varianten an.

In der Regel soll die Platte aus elastischem Kunststoff, deren Unterseite mit Rillen, Kreisen oder anderen Profilen versehen ist, die Rutschfestigkeit gewährleisten. Sie kostet zwischen 10 und 15 Mark und ist damit um das Zwei- bis Dreifache teurer als ein Eisen (4 bis 6 Mark).

Kunststoffplatten gibt es in fünf verschiedenen Größen, sind zirka einen Zentimeter dick und lassen sich sehr gut bearbeiten. Je nach Reitintensität und Geläuf halten sie vier bis sechs Wochen. Ein weiterer Vorteil dieser neuen Produkte ist das geringe Gewicht von zirka 120 Gramm pro Platte. Größter Vorteil ist wohl, daß sich das Hufhorn auf dem glatten Material nicht abnutzt.

Die klassischen Arten des Hufschutzes sind:

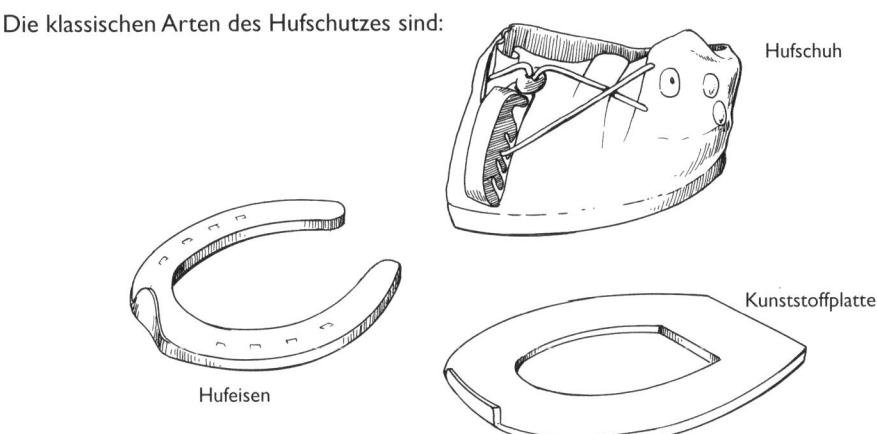

Hufschuh

Kunststoffplatte

Hufeisen

Der große Nachteil des Kunststoffbeschlages ist, daß Stellungsfehler nicht korrigiert werden können. Außerdem wird die Platte bei größeren und schweren Tieren instabil. Sie wölbt sich dann stark nach innen und verstärkt die Ausweichtendenz des Hufes.

»Für Distanz-, Wander- und Spazierreiter mit kleinen bis mittelgroßen Pferden aber ist diese Platte eine wirkliche Alternative mit guten stoßdämpfenden Eigenschaften, ohne negative Auswirkung auf die Fortbewegung, mit positiver Auswirkung auf das Trachtenwachstum und mit einem akzeptablen Abriebverhalten«, kommt Armin Kasper in seinen Ausführungen zu einem positiven Ergebnis zum Thema Kunststoff- oder Eisenbeschlag. Auch der vieldiskutierte Hufmechanismus wird durch den Kunststoffbeschlag nicht beeinträchtigt. Die hierbei entstehenden elastischen Formveränderungen des Hufes, die durch das Gewicht des Körpers auf den Pferdehuf stattfinden, werden durch starre, herkömmliche Eisen eingeschränkt.

Falls sich ein Freizeitreiter entschließen sollte, statt Eisen in Zukunft Plastik zu verwenden, bedarf es einer Umstellungsphase. Hierfür eignet sich die Winterzeit, da dem Tier oft eine Reit- oder Trainingspause gegönnt wird. Nach Abnahme der Eisen sollte das Pferd dann sechs bis acht Wochen barfuß laufen. Erst dann bietet sich die Erprobung des Kunststoffbeschlages an.

In jedem Fall empfiehlt es sich vor einem solchen Schritt, den Rat des eigenen Hufschmiedes einzuholen oder einen kompetenten Fachmann zu Rate zu ziehen, denn nicht immer sind Neuheiten oder Alternativen das Beste für das eigene Pferd.

Probleme mit dem Hufschutz

Eine Faustregel besagt, daß vier bis sechs Tage vor größeren Belastungen das Tier beschlagen werden muß. Die beim Nageln entstehenden Spannungen im Huf werden sich bis dahin normalisiert haben. Auch wir Menschen laufen unsere Schuhe ein, bevor wir eine größere Wegstrecke mit ihnen bewältigen. Nur Greenhorns gehen mit einem fabrikneuen Schuh auf einen Langstreckenlauf.

Auch bedarf der Hufschutz ständiger Kontrolle. Vor und nach jedem Ritt werden die Hufe ausgekratzt und gesäubert.

Bei dieser Gelegenheit empfiehlt sich immer ein kurzer Check des Beschlages. Die Inspektion dauert nicht lange und sollte anhand folgender Fragen geschehen:
- Prüfung, ob der Beschlag noch fest sitzt. Hat er Spiel, oder läßt er sich bewegen?
- Liegt der Nagelniet noch an der Hufwand an, oder steht er ab?
- Wie dick ist das Eisen oder der Kunststoff im Zehenbereich?
- Wächst der Hufrand schon deutlich über den Beschlag?

Wenn nach einem solchen Check Zweifel an dem ordnungsgemäßen Zustand des Beschlages kommen, besonders vor einem Ausflug mit dem Pferd, sollte der Hufschmied bemüht werden.

Aber was ist zu tun, wenn im Gelände nach wenigen Stunden plötzlich ein Eisen klappert oder, noch schlimmer, wenn das Pferd ungleichmäßig geht, weil ein Huf gänzlich ohne Schutz ist? Der Reiter muß nicht unbedingt hilflos den losen oder abgetretenen Beschlag bestaunen, sondern kann mit wenigen Handgriffen und dem richtigen Werkzeug die Panne selbst beheben.

Kleine Pannenhilfe

Voraussetzung für die Selbsthilfe ist das Mitführen eines Notwerkzeuges für solche Fälle. Dazu gehören ein kleiner Hammer, Zange, Clinchzange, Nietstößel, Schraubenzieher mit Flachkopf und natürlich neue Nägel. Fachleute wie Armin Kasper, Wolfgang Ernst und namhafte Firmen entwickelten Notwerkzeuge, die in kleinen Lederetuis am Sattel mitgeführt werden können und durchaus ihren Zweck erfüllen.

Ist das Eisen locker, reicht es aus, die alten Nägel zu entfernen und durch neue zu ersetzen. Wurde das Eisen abgetreten und ist nicht verbogen, kann es wieder auf den Huf gelegt und mit neuen Nägeln in die alten vorhandenen Löcher geschlagen werden. Wird sorgfältig gearbeitet, hält der Beschlag mindestens bis zum Ziel oder bis zum Ende der Tagesetappe.

Entfernen des Nagels:
- Mit Nietstößel oder Schraubenzieher den Niet hochschlagen und von der Hufwand lösen,
- mit dem Hammer auf den hochgebogenen Niet schlagen, so daß der Nagelkopf sich vom Eisen löst,
- nun den Nagelkopf mit der Zange fassen und herausziehen.

Nachschlagen eines neuen Nagels:
- Der neue Nagel sollte größer sein als der alte (vorher beim Hufschmied besorgen). Die Nagelklinge sitzt dann mit Kontakt zum Horn im Nagelkanal und hält besser.

Verschiedene Arten von Hufwerkzeug
a) Kombi-Zange
b) Hammer mit Raspel
c) Clinch-Klopfzange
d) klassischer Hufnagel mit Kopf und
   Zwicke

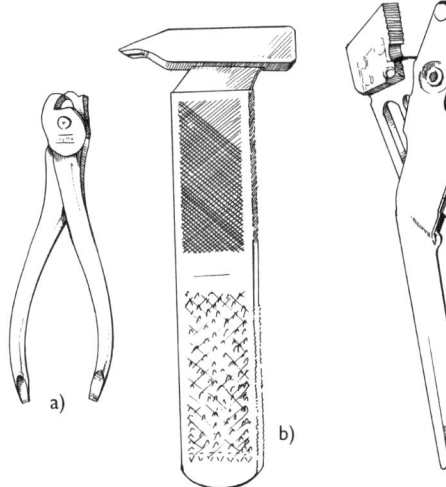
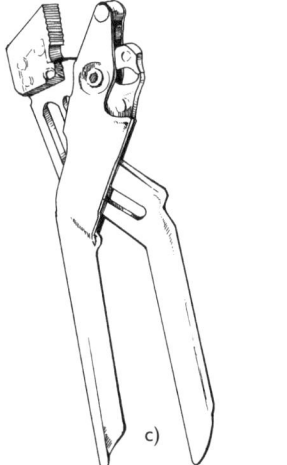
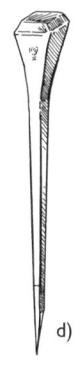

a) b) c) d)

- Den neuen Nagel dann mit dem Daumen in das vorhandene Loch drükken.
  Vorsicht: Die Nadelzwicke muß zum Strahl hin zeigen, nur so wird der Nagel nach außen gelenkt.
- Nun mit dem Hammer leicht nachschlagen, bis die Spitze aus der alten Austrittsöffnung getrieben wird.
- Sofort die Spitze zur Hufwand biegen, um Verletzungen zu vermeiden. Die Spitze wird mit der Zange zirka drei Millimeter vor der Hufwand abgekniffen und der Nagel mit dem Clincher zugemacht. Die Niet schließt man in zwei Phasen: Zuerst wird die Niet nach unten gebogen und erst dann an die Hufwand gedrückt. Die Gegenhaltwange muß dabei genau über dem Nagelkopf sitzen und verhindert so, daß dieser zurückgedrückt wird.

Sollte das Eisen verbogen oder die Platte nicht mehr zu gebrauchen sein, muß

der Ritt unterbrochen werden, und ein Hufschmied sollte einen neuen Hufschutz anbringen. Ist dies im Gelände nicht möglich und ist die Strecke noch recht lang, kann das Tier auf weichem Untergrund schonend im Schritt weiterbewegt werden. Im Zweifelsfall muß man das Pferd führen.

Hufpflege

In den meisten herkömmlichen Reitställen gehören Huffett und Hufteer zur Standardausrüstung in jedem Putzeimer. Vor und nach dem Ausritt wird eingepinselt, was die Dose hergibt. Fragt man nun den gewissenhaften Tierhalter, warum er das tut, erhält man so profane Antworten wie: »Es sieht gut aus, das

Wer ein Eisen nicht selbst anbringen kann, muß eben die Konsequenzen tragen.

Pannenhilfe bei lockerem Eisen

1. Alten Nagel entfernen.
2. Neuen Nagel (flache Seite der Spitze zeigt nach innen) von Hand in das vorhandene Loch eindrücken und mit dem Hammer durchschlagen.
3. Spitze sofort zum Horn hin umbiegen.
4. Wenn alle Nägel sitzen, Spitzen abkneifen und den Nagel mit Clincher anziehen.
5. Clincher so ansetzen, daß die Gegenhaltwange genau über dem Nagelkopf sitzt, so daß dieser nicht zurückgedrückt wird.

Werkzeug: Hammer, Clincher, Nietstößel, Schraubenzieher, Nagel oder das Wanderreiter-Notbesteck.

wurde schon immer so in unserem Reitstall gemacht«, oder nur ein ratloses Schulterzucken.

»Hier gibt es eigentlich nichts zu pflegen, was die Natur nicht besser könnte, wenn wir ihr nur Gelegenheit dazu gäben! Wir dürfen auch Hufpflege deswegen nicht mit Sauberkeit gleichsetzen«, so Autor Armin Kasper.

»Das beste Hufpflegemittel der Welt ist feuchter Lehm«, sagt Sadko Solinski. Allerdings müssen Mist, Jauche oder Steine in der Strahlfurche entfernt und die Hufsohle nach eingedrungenen spitzen Gegenständen untersucht werden. Überhaupt sollten Pferdebesitzer, wenn von »Hufpflege« gesprochen wird, nicht an Sauberkeit nach Empfindungen von Menschen denken. Wer zahlreiche auf dem Markt angebotene Pflegemittel für den Huf in seinem Stallschrank aufbewahrt und benutzt, beruhigt zwar sein Gewissen, hilft aber seinem Pferd nicht.

Werden die Tiere in einem sauberen Offenstall mit Weidegang gehalten, bekommen sie genug Feuchtigkeit durch Lehm und taubenetztes Grünland, so daß gekaufte Chemie oder »Naturmittel« für den Huf überflüssig sind. Insgesamt ist die Hufqualität abhängig von Haltung und Fütterung des Pferdes. Der Zustand der Hufe ist oft auch ein Spiegelbild der Gesundheit des Tieres. Lediglich bei Krankheiten und Veränderungen am Huf kann es notwendig werden, nach Rücksprache mit Hufschmied oder Tierarzt, dem Huf eine gezielte Pflege zukommen zu lassen (Beispiel: Strahlfäule).

Wanderreiten:
Allein, in der Gruppe, mit Führung

»Ich konnte meine Erlebnisse und Abenteuer auf dem Pilgerritt von der Nordspitze Dänemarks bis nach Santiago de Compostella nicht teilen«, antwortete Karsten Nordenhoff auf die Frage, was für ihn das größte Problem auf seinem sechsmonatigen Ritt war.

Der Däne ritt fast dreitausend Kilometer auf dem legendären Jakobspfad allein mit seinem Isländer und freute sich unterwegs über jede Begleitung. Neben dem Sicherheitsaspekt ist die Aussage des Pilgers wohl das wichtigste Argument, warum ein Wanderritt mit einem guten Freund den meisten Spaß bereitet.

Eine gute Konstellation sind vier Reiter, die sich verstehen und keine Kompetenzschwierigkeiten haben. Die Quartiersuche ist relativ unproblematisch, und das Reiten aufs Geratewohl bereitet das meiste Vergnügen.

Ganz ungünstig ist eine Dreierkonstellation. Ein Reiter ist immer einsam an der Spitze oder hinter den beiden Kameraden. Da sind Unstimmigkeiten auf der Strecke vorprogrammiert, und je länger der Ritt dauert, um so stärker wird der Frust des »Lonesome Cowboys«.

Ab fünf Reitern spielt die Gruppengröße keine Rolle mehr. Es wird dann immer einen Führer, Organisator oder Verantwortlichen geben.

Der erste Wanderritt: eine Checkliste

1. Festlegung der Reitstrecke mit Start und Ziel
2. Besorgung des Kartenmaterials
3. Ausarbeitung der Route
4. Länge der Tagesetappen festlegen
5. Suche nach geeigneten Quartieren
6. Klärung der Futterfrage vor Ort
7. Pausen einplanen
8. Ausrüstung für Pferd und Reiter vor dem Ritt ausprobieren
9. Troßfahrer einweisen
10. Anforderungen des Rittes mit den Mitreitern besprechen
11. Ungefähren Tagesablauf überlegen
12. Sehenswürdigkeiten am Rande der Strecke erkunden
13. Rechtliche Voraussetzungen beim Durchreiten anderer Bundesländer prüfen

Ein Troßfahrzeug, das die Gruppe auf der Strecke begleitet, ist ein unbedingtes Muß, und die Quartiere werden schon im Vorfeld festgelegt. An den Troßfahrer werden ganz besondere Anforderungen gestellt. Darüber sollte er sich schon bei der Planung im klaren sein. Er hat vielfältige Aufgaben zu erledigen, die ihn den ganzen Tag über beschäftigen.

Da sind Paddocks auf- und abzubauen, die Unterkunft zu säubern und unter Umständen die Boxen und Koppeln zu misten. Darüber hinaus muß er sich auf der Straßenkarte bestens auskennen und die vereinbarten Treffpunkte sicher und schnell finden. Zeigt er Eigeninitiative, ist er bei fast jeder Straßenüberquerung präsent und hat stets kühle Getränke für die Reiter in Reichweite. Außerdem muß er eine gehörige Portion Geduld mitbringen, denn oft muß er stundenlang am vereinbarten Treffpunkt ausharren, da es auf der Strecke mehrere Verreiter gab oder Hindernisse zeitraubend umgangen werden mußten. Keiner kann sich die Freude der Reiter vorstellen, wenn das Troßfahrzeug schon aus der Ferne gesichtet wird. Ein guter Troßfahrer hat »immer« gute Laune und ist ein wesentlicher Bestandteil eines gut geplanten Wanderrittes. Die Arbeit des Fahrers kann gar nicht hoch genug eingeschätzt werden.

Wenn die Längen der Etappen bekannt sind und die Anforderungen sich an der körperlichen Verfassung von Reitern und Pferden orientieren und wenn dann die Vorbereitung und Organisation auf der Strecke stimmt, wird Wanderreiten zu einem außerordentlichen Erlebnis.

In diesem Zusammenhang gibt es häufig ein anderes Problem – die Anforderungen an den Wanderreitführer oder Wanderrittorganisator. Wanderreiteinsteiger schließen sich oft einem geführten Ritt an. Kein Streß mit Kartenlesen, keine Sorge um Quartiere oder Futter für die Tiere, einfach nur reiten in fremder Umgebung und dabei entspannen. Doch wenn eine Gruppe von Menschen mit Pferden in der Natur unterwegs ist, dann gibt es Dinge, die eben nicht vorhersehbar sind. Einige wichtige Aspekte werden, insbesondere bei Neueinsteigern, völlig unterschätzt.

Die körperliche Anstrengung über Stunden, ungewohntes Übernachten im Heulager und die wechselnden Eindrücke auf der Strecke müssen erst verarbeitet werden. Nicht jeder Teilnehmer hat sich und sein Pferd genügend auf fünf bis acht Stunden Reiten pro Tag trainiert und die Ausrüstung richtig angepaßt. Ein erschöpftes Pferd, das hinterhergezogen wird, schmerzende Beine und Blasen an den Füßen lassen Kooperationsbereitschaft und Gemeinschaftsgeist auf den Nullpunkt sinken. Oder der Troßfahrer verspätet sich am Mittagstreffpunkt, wo alle bei 35 Grad im Schatten vergeblich auf ein kühles Getränk hoffen.

Hinzu kommt, daß sich fremde Menschen mit verschiedenen Charakteren und verschiedenen Motivationen begegnen. Sie müssen für die nächsten Tage gemeinsam miteinander unter völlig anderen Lebensbedingungen leben, müssen sich einem meistens fremden Führer anpassen, was nicht immer einfach ist.

Um diese Probleme zu verhindern, muß vor dem Abritt eine Besprechung erfolgen. Hier werden Gefahren und

Anforderungen des Rittes noch einmal in aller Deutlichkeit geschildert. Eine Sportlerin mit durchtrainiertem Pferd bewältigt ohne Probleme 50 Kilometer täglich. Der gleichaltrige Geschäftsmann, dessen Pferd wie er selbst höchstens mal am Wochenende an die »frische Luft« kommt, wird spätestens am ersten Abend enttäuscht und erschöpft nach Hause fahren. Eine Verharmlosung, »Das werden Sie schon schaffen«, ist der falsche Weg. Umgekehrt wird die Sportlerin bei einem Pensum von nur 20 Kilometern täglich unterfordert und ebenfalls enttäuscht sein.

Der Wanderreitführer sollte die Gruppe nach den von ihm gestellten Anforderungen auswählen und im Ernstfall auch bestimmten Interessenten absagen.

Ein Fazit der Autoren aus über 10 Jahren Wanderritte

1. Der Rittführer muß den Mitreitern in aller Deutlichkeit die Anforderungen vorher erklären.
2. Die Wahl der Quartiere, ob rustikal im Heu oder Luxus-Hotel, hängt von den Wünschen der Gruppe ab.
3. Die Länge der Strecke orientiert sich an der Leistungsfähigkeit und Größe der Gruppe und den Geländeschwierigkeiten.
4. Jedem Teilnehmer muß schon Wochen vor der Tour deutlich gemacht werden, daß nur trainierte und völlig gesunde Tiere den Ritt schaffen.
5. Vor jedem Reittag empfiehlt sich eine Rittbesprechung, in der die Anforderungen noch einmal besprochen werden.
6. Nach jedem Reittag sollte den Mitreitern Gelegenheit zu einem persönlichen Fazit gegeben werden.
7. Der Wanderrittführer muß für einen guten Troßfahrer sorgen.
8. Sehr wichtig ist der gute Draht zu Petrus, damit es nicht wärmer als 25 Grad wird, ein laues Lüftchen weht und es natürlich nie während des Rittes regnet ...

Die Jahreszeit für den Wanderritt

Eine sehr wichtige Frage, nicht nur hinsichtlich der Ausrüstung, ist die gewählte Jahreszeit für den Wanderritt. Jede Jahreszeit hat ihren besonderen Reiz, doch für Pferd und Reiter kann die Palette der Witterungseinflüsse von unangenehm über lästig bis zu gesundheitsschädlich reichen.

Für das Pferd und wohl auch den Reiter ist das **Frühjahr** die angenehmste Reitzeit. Die Natur erwacht und zeigt sich in einer vielfältigen Farbenpracht. Außerdem sind lästige Insekten wie Stechmücken und Pferdebremsen noch sehr zurückhaltend mit ihren Angriffen. Dies schätzen besonders Pferde mit Sommerekzem, da ein Mückenstich für sie bereits katastrophale Folgen haben kann.

Die Temperaturen bewegen sich normalerweise zwischen 15 und 20 Grad. Höchstens mit Regen muß gerechnet werden. Nachteilig ist jedoch, daß Wiesen und Felder nicht beritten werden dürfen. Futterwiesen sind im Wachstum und Felder bereits eingesät.

Im **Sommer** sind die meisten Futterwiesen bereits gemäht und dürfen, das Einverständnis des Besitzers vorausgesetzt, auch beritten werden. Allerdings kann der Sommer nicht nur unerträgliche Hitze mit sich bringen, sondern auch extreme Belästigung durch Insek-ten. Besonders die unangenehmen Pferdebremsen, die sich im Sommer in Feuchtgebieten millionenfach aufhalten, haben schon so manches Pferd zum Durchgehen gebracht. Gesundheitliche Schäden können aber auch allein durch Hitze verursacht werden. Intensive Sonnenbestrahlung kann bei Mensch und Tier einen lebensgefährlichen Hitzschlag auslösen.

Sommerhitze verlockt zum Verzicht auf unnötige Textilien. Aber auch ein Sonnenbrand ist nicht zu unterschätzen. Das Pferd ist besonders an wenig behaarten Körperstellen (Maul- und Nüsternbereich) dieser Gefahr ausgesetzt.

Starkes Schwitzen senkt den Wasserhaushalt des Pferdes unter Umständen bis zu extremem Wasserverlust mit Eindickung des Blutes (Dehydratation). Daher muß besonders im Sommer jede Möglichkeit zum Tränken genutzt werden.

Tiere und Menschen mit Hautproblemen und Allergien wie Neurodermitis und Heuschnupfen leiden besonders in dieser Jahreszeit. Daher ist es sinnvoll, in den frühen Morgenstunden aufzubrechen und in der Mittagshitze eine große Pause von zwei bis drei Stunden zu machen.

Ab September zeigt sich das Wetter wieder von milderer Seite. Doch starke

Regenschauer bis zu regelrechten Stürmen senken im **Herbst** beträchtlich die Begeisterung des Wanderreiters.

Von ganz besonderem Reiz sind Wanderritte im **Winter.** Hier kann, bei ausreichend Schnee, sogar auf einen Hufschutz verzichtet werden. Ansonsten sind, je nach Geläuf, Stollen oder Kunststoffplatten empfehlenswert. Sicheren Schutz vor empfindlicher Kälte bietet dem Reiter nur qualitativ hochwertige und nicht ganz billige Winterkleidung.

Zu berücksichtigen ist insbesondere, daß die Tage wesentlich kürzer sind. Ein paar Hügel auf der Strecke und noch einen »Verreiter« und schon wird man von der Dunkelheit überrascht. Sinnvoller ist es also, die Ankunft bereits drei bis vier Stunden vor Eintritt der Dunkelheit zu planen. So bleibt genügend Spielraum, um auf unangenehme Überraschungen angemessen zu reagieren und noch Zeit genug, das Pferd ausreichend zu versorgen.

Gestaltung eines Wanderreittages

Ein optimal vorbereiteter Wanderritt könnte folgendermaßen aussehen:

Die zu bewältigende Tagesetappe beträgt etwa 20 bis 25 Kilometer.

Die Reiter haben die Nacht nach einem diskussionsreichen Abend am Lagerfeuer in ihren Schlafsäcken im Heu verbracht.

7.00 Uhr: Wecken

Zuerst werden die Pferde, die auf einer Weide getrennt voneinander in großzügigen Strom-Paddocks übernachtet haben, mit frischem Wasser, Kraftfutter und Heu versorgt. Vom Kraftfutter wird die halbe Tagesration gegeben. Außerdem werden die Tiere auf mögliche Verletzungen, Satteldruck und Lahmheiten untersucht. Sehr wichtig ist auch die Kontrolle des Hufbeschlages, wobei auf lose Nägel geachtet werden muß oder festgestellt wird, ob sogar Eisen fehlen.

Anschließend hat jeder die Möglichkeit, das Badezimmer aufzusuchen. Die anderen Reiter verstauen inzwischen wieder ihr Gepäck in den Satteltaschen.

8.00 Uhr: Frühstück

Das Frühstück wurde in einer Pension bereits vor Beginn des Wanderrittes bestellt oder wird von den Gastgebern zubereitet. Nach dem Frühstück werden Unterkunft und Verpflegung bezahlt.

9.00 Uhr: Säuberung des Quartiers

Die Gruppe begibt sich zu den Pferden. Um unnötige Unruhe zu vermeiden, sollten alle Tiere gleichzeitig in Sichtkontakt angebunden werden. Dann machen sich die Reiter an die Säuberung der Weide bzw. der Boxen.

9.30 Uhr: Putzen und Satteln

Die Tiere werden mit Striegel und Bürste gereinigt. Hufe nochmals kontrolliert und ausgeräumt.

Nachdem der Sattel aufgelegt ist, werden die Satteltaschen wieder sorgfältig verschnallt. Jeder Ausrüstungsgegenstand sollte von Beginn bis Ende des Rittes immer an derselben Stelle verstaut werden. Dadurch werden unnötige Gewichtsverlagerungen vermieden, und man erspart sich das ständige Suchen.

10.00 Uhr: Abritt

Nachdem sich alle vom Gastgeber verabschiedet haben, wird abgeritten. Bis zum Nachgurten empfiehlt sich eine Schrittpassage von einer halben Stunde. Am Vormittag sollte aus psychologischen Gründen mehr als die Hälfte der Tagesetappe zurückgelegt werden.

13.00 Uhr: Mittagspause

Vor der Pause und auch unterwegs wird jede Möglichkeit zum Tränken genutzt.

Für die Mittagspause wurde ein ruhiger Ort mit Anbindemöglichkeit ausgewählt. Kopfgeschirr abnehmen und Halfter anlegen. Pferde werden nicht an den Zügeln angebunden.

Man kann die Pferde auch am Strick eine Weile grasen lassen, sollte sie aber nach 20 Minuten anbinden. Dadurch können die Tiere im Schatten dösen und die Reiter sich stärken.

Der Troßfahrer hat bereits Verpflegung eingekauft und versorgt alle Teilnehmer mit einem Imbiß.

14.00 Uhr: Weiterritt

Die Leistungsfähigkeit hat bei Mensch und Tier bereits abgenommen, daher empiehlt sich ein langsameres Tempo als vormittags. Eine halbe Stunde vor Ankunft im Ziel wird mit gelockertem Gurt geführt.

17.00 Uhr: Ankunft

Die Pferde werden angebunden und abgesattelt. Ob der Sattel nun direkt oder erst nach einer gewissen Zeit abgenommen werden darf, ist strittig. Früher ging man davon aus, daß sich keine Druckstellen bilden, wenn man das Pferd noch einige Zeit nach der Ankunft gesattelt läßt, pro Reitstunde fünf Minuten, heißt die Faustregel. Andererseits wird auch die Meinung vertreten, daß sofort abgesattelt werden kann, da an einer durch Druckstellen geschädigten Haut ohnehin nichts mehr zu ändern ist.

Die Quartiere wurden vom Troßfahrer oder Gastgeber vorbereitet und können nach Versorgung der Tiere bezogen werden.

Nach Möglichkeit können die Beine der Pferde, Gurtlage und Brust mit Wasser von Dreckspritzern gereinigt werden. Nach einer allgemeinen Verfassungskontrolle und Untersuchung des Pferdekörpers auf Abschürfungen sowie kleine Wunden wird das Pferd in seinen Paddock entlassen. Wasser und Heu stehen in ausreichendem Maße zur Verfügung. – Kein Kraftfutter!!!

Bei Regen oder Kälte ist das Eindecken sinnvoll.

18.30 Uhr: Kraftfutterzeit

Allen Pferden wird gleichzeitig die entsprechende Menge und Sorte ihres Kraftfutters in Eimern gefüttert. Da das Pferd während des Rittes weitaus weniger Futter als daheim aufnehmen kann, darf bis zur Normalisierung der Darmflora und um ein Überladen des Magens zu verhindern, nicht sofort bei Ankunft Kraftfutter angeboten werden.

Es sollte in einem Eimer gereicht werden, denn wenn das Pferd vom Boden fressen muß, besteht die Gefahr, daß es Parasiten aufnimmt.

19.00 Uhr: Nachtquartier vorbereiten

Die Reiter haben Zeit für sich, richten das Nachtquartier, ziehen sich eventuell um usw.

20.00 Uhr: Abendessen

Danach werden die Pferde nochmals kontrolliert:
- Ist keines ausgebrochen?
- Funktioniert das Stromgerät?
- Hat jedes Pferd noch ausreichend Wasser und Heu?
- Verhaltensauffällige Tiere müssen sofort untersucht werden. (Kolik?)
- Auf jeden Fall an eine Aufsicht während der Nacht denken (Stall- oder Koppelwache).

Der Wanderritt und seine Gefahren

Nicht immer endet ein Wanderritt mit zufriedenen Reitern und gesunden Tieren. Der gravierendste Fehler von angehenden Wanderreitern ist die Überschätzung der eigenen Fähigkeiten sowie der Kondition und Verfassung des Tieres. In den Wochen und Monaten zuvor wurde das Pferd intensiv trainiert, die Ausrüstung angepaßt, die Strecke geplant und die eigene Kondition verbessert.

»Die Pferde laufen sich schon ein«, dieser Spruch so mancher Freizeitreiter wurde auf zahlreichen Sternritten mit Tierarztwertung hinreichend widerlegt. Die Erfahrungen zeigen vielmehr, daß

Reiter, die nur ein bis drei Tage geritten waren, mit lahmen Pferden aus der Wertung fielen. Die Tiere wurden meistens nur ein bis zwei Stunden dreimal in der Woche bewegt und absolvierten dann an einem Tag ein ganzes Wochenpensum. Zu viel Gepäck, dazu noch verkehrt verschnallt, sorgte zu allem Übel noch für einen ordentlichen Satteldruck.

Ein weiteres Problem ist die Länge der Tagesetappe, für Anfänger sollte sie

Bei der Bewältigung von Geländeschwierigkeiten müssen die Gefahren für das Pferd genau abgewogen werden.

Vorsicht, Gefahr!

1. Kleine Holzbrücken
2. Moor-, Sumpf- und Feuchtgebiete
3. Unbefestigte Bach- oder Flußufer
4. Treppen
5. Steile Abhänge
6. Durchqueren von Windbruchbereichen im Wald
7. Überqueren von Eisenbahngleisen
8. Unbekannte Bäche oder Wasserläufe
9. Gewittereinbrüche mit Blitzeinschlägen
10. Galopp auf unbekannten Wiesen

nicht mehr als 15 bis 20 Kilometer betragen. Alles darüber hinaus bedeutet erhöhte Anstrengung, und die gute Laune geht in Frust über.

Am Anfang sollte die Strecke keine starken Höhenunterschiede von 200 und mehr Meter haben.

Nicht alle Reiter sind gut zu Fuß, und für den ersten Wanderritt wurden mit Sicherheit keine teuren Wander- oder Trekkingschuhe gekauft.

Unterwegs lauern überall Gefahren für den ungeübten Freizeitreiter. Eine nicht eingeplante Bachdurchquerung kann zum Chaos führen, wenn der Einstieg morastig ist und die Pferde bis zum Bauch im Schlamm versinken.

Auch die Holzbrücke für Fußgänger sollte vor dem Betreten genau begutachtet werden, bevor man sie mit einem 450 Kilogramm schweren Pferd betritt. Vielleicht sind einige Bretter morsch, oder das Bauwerk ist im Ganzen schon baufällig. Moor- und Sumpfgebiete müssen weiträumig umritten werden. Eine Durchquerung bedeutet unter Umständen Lebensgefahr für Pferd und Reiter.

Grundsätzlich werden befestigte Wege geritten. Wiesen und abgeerntete Äcker sind tabu, es sei denn, man hat die ausdrückliche Genehmigung des Besitzers. Das gleiche gilt natürlich auch im Wald. Kommt die Gruppe von der Strecke ab und will durch einen offenen Laubwald abkürzen, werden einige Meter durchaus noch toleriert. Aber das Abkürzen durch einen dichten Tannenwald wird gefährlich, wenn die Reiter in einen Windbruch mit umgestürzten Bäumen geraten. Verletzungen an den Beinen der Pferde sind dann vorprogrammiert.

Eine besondere Übung in der Vorbereitungszeit ist das Auf- und Absteigen einiger Treppenstufen (drei bis vier). Oft werden Brücken über kleine Bachläufe um eine oder zwei Stufen höhergelegt, damit eine Überflutung im Frühjahr vermieden wird. Ist ein Pferd nicht an eine solche Situation gewöhnt, sind kilometerlange Umwege nicht zu vermeiden.

Im Gelände geht es immer bergauf und bergab. Endet der Weg dann plötzlich an einem kleinen Hang mit einem Höhenunterschied von nur 1,50 Meter, sollte der Reiter absteigen, das Pferd einem Kameraden übergeben und den Hang hinunterrutschen. Der Kumpel hat inzwischen den Strick vom Sattel gelöst und am Führhalfter befestigt. Der untenstehende Reiter nimmt nun den

Strick und führt sein Tier langsam die schwierige Passage hinunter.

Muß ein steiler Berg erklommen oder ein längerer Abhang bewältigt werden, empfiehlt es sich, das Pferd zu führen. Ganz interessant ist dann zu beobachten, daß der Reiter zum »Leithengst« wird. In dieser für das Pferd gefährlichen Situation wird es sich ganz auf seinen Führer verlassen. Es konnte bei vielen Ritten beobachtet werden, daß die Tiere genau in die Fußstapfen der Reiter traten. Außerdem paßten sie sich auch der Ganggeschwindigkeit des Menschen an. Das bedeutet für die Reiter, je langsamer solche Passagen genommen werden, um so sicherer kommt man voran. Wichtig ist auch, daß der Führstrick so lang sein muß, daß man gefahrlos ausweichen kann, wenn das Pferd ausrutscht oder gar stürzt.

Vorsicht: Niemals das Pferd am Stallhalfter oder gar an der Trense direkt am Kopf führen!

Wanderreiten ist eine Reise im Einklang mit der Natur, wo die Zeit eine untergeordnete Rolle spielt. Schritt und Trab sind die Hauptgangarten. Ein Horseman steigt spätestens nach einer Stunde Reiten ab und führt sein Pferd mindestens 15 Minuten lang. Das entlastet den Rücken des vierbeinigen Kameraden und beugt Satteldruck vor. Außerdem tut es dem Reiter mit Sicherheit auch mal gut, wenn er seine Beine und Gliedmaßen ausschütteln kann. Auf längeren Schotterpisten oder Asphaltstrecken hat das Tier mit Sicherheit auch mehr Spaß, wenn der Reiter nebenher läuft.

Wanderreiter treten Fußgängern immer höflich gegenüber. Ein freundliches

Bergab wird langsam und am langen Strick geführt. So sucht sich das Pferd Schritt für Schritt seinen Weg.

Das Auftreten eines Wanderreiters!

1. Wanderreiter haben grundsätzlich Zeit und hetzen nicht von Station zu Station. Galopp ist eine ganz seltene Gangart.
2. Bei Begegnungen mit Spaziergängern, Joggern oder anderen Waldbenutzern wird rechts hintereinander geritten. Ein freundlicher Gruß sollte selbstverständlich sein.
3. Die Wege werden nur in Ausnahmefällen verlassen und natürlich keine neuen Pfade durch den Wald getrampelt.
4. Gefahrenstellen sollten weiträumig umritten werden.
5. Besondere Vorsicht im Straßenverkehr.
6. Bei Ankunft im Quartier muß sich der Reiter oder die Gruppe nach den Bedürfnissen des Gastgebers richten. Die Anweisungen des Hofbesitzers oder die Stallordnung sind genau zu beachten.
7. Das Quartier wird so verlassen, wie es vorgefunden wurde. Stall und Koppel müssen entmistet werden.

»Guten Tag« nimmt oft den Streß bei einer Begegnung auf einem engen Waldweg, und ein kleiner Plausch über das Woher und Wohin läßt einen Wanderreiter in einem ganz anderen Licht erscheinen. Problematisch wird der Gruß allerdings, wenn Reiter ungewollt in eine Volkswanderung mit über 10 000 Teilnehmern geraten, dann sollte die Route schleunigst geändert werden. Aus diesem Grund ist es ganz nützlich, wenn alternative Strecken bekannt sind oder bei der Planung schon bedacht wurden.

Begleiten die Reitgruppe ein oder mehrere Hunde, müssen sie entsprechend ausgebildet sein und auf das erste Signal des Besitzers hören.

Flitzen die Hunde zwischen den Beinen der Pferde herum oder jagen kläffend hinter jedem Wild her, werden Reiter und Pferde nervös. Mag ein Pferd nun mal keinen Hund, tritt auch noch nach dem bellenden »Ungeheuer«, wird meistens das nachfolgende Pferd oder das Knie des Freundes in Mitleidenschaft gezogen. Bei viel Pech ist für den, der den Tritt abbekommt, der Ritt beendet!

In diesem Zusammenhang gehört der Abstand zum Vorderpferd zu den obersten Pflichten eines verantwortungsbewußten Wanderreiters. Beim Tränken am Dorfbrunnen oder in Engpässen ist es sicherer, mit etwas Geduld abzuwarten oder die Reihenfolge abzusprechen als zu drängeln, um sein Tier als erstes zu tränken.

Zum Schluß ein Rat für alle Wanderreitereinsteiger:

Schließen Sie sich beim ersten längeren Ritt einem erfahrenen Wanderreitführer an!

Reitrechtliche Bestimmungen

Nichts ist schöner, als unbeschwert mit seinem vierbeinigen Freund die Natur zu erleben – ohne Verbote, Reglementierungen oder einschränkende Bestimmungen. Leider ist dies in unserem dichtbesiedelten Deutschland nur sehr bedingt möglich. Einmal gehört die Natur nicht nur uns Reitern, sondern viele Interessengruppen suchen Erholung in Wald und Flur. Deutschland ist nun mal nicht zu vergleichen mit den weiten Landschaften Kanadas, Australiens oder der USA. Aus diesem Grund sind Gesetze und Vorschriften notwendig, damit die unterschiedlichen Benutzer, aber auch die Natur mit ihrer vielfältigen Tierwelt, einen gewissen Schutz genießen. Jeder Reiter sollte sich also bewußt sein, daß er sich im jeweils geltenden Recht über das Reiten in Wald und Flur auskennen muß. Benutzt er eine öffentliche Straße, unterliegt er den Regeln der Straßenverkehrsordnung.

Bundeswaldgesetz, die Landeswaldgesetze sowie Reitverordnungen der Länder regeln das Reiten in Wald, Feld und Flur. In nahezu allen Bundesländern haben sich die Gerichte mit verschiedenen Problemfällen beschäftigt und sind teilweise zu unterschiedlichen Ergebnissen gekommen. Verschiedene Kommentare helfen zudem bei der Auslegung rechtlicher Bestimmungen. Tatsache ist, daß es in Deutschland keine einheitliche Regelung gibt. Reitrecht ist Länderrecht und wird demnach von jedem Bundesland eigenverantwortlich geregelt.

Ein Rat an alle Reiter: Bevor es ins Gelände geht, bei den zuständigen Behörden, dem Reitverband (FN) oder den Landesverbänden der Vereinigung der Freizeitreiter in Deutschland (VFD) sich genau erkundigen, wie die gesetzlichen Vorschriften für das zu durchreitende Gebiet sind, sonst ist der Ärger vorprogrammiert.

Reiten in freier Natur

Bundesrecht

1975 wurde im Bundeswaldgesetz die Reitfreiheit grundsätzlich garantiert. In § 14 heißt es: »Das Betreten des Waldes zum Zwecke der Erholung ist gestattet. Das Radfahren, das Fahren mit Krankenfahrstühlen und das Reiten im Walde ist nur auf Straßen und Wegen gestattet. Die Benutzung geschieht auf eigene Gefahr. Die Länder regeln die Einzelheiten«.

Dieses »Rahmengesetz« läßt den Ländern erheblichen Spielraum zur Ausgestaltung neuer Richtlinien, abge-

In jedem Bundesland gibt
es andere reitrechtliche
Bestimmungen.

stimmt auf die in den Ländern bestehenden Gegebenheiten.

Ein Tip am Rande: Ein Wanderreiter
sollte die Reitrechte in Form einer Bro-
schüre in der Tasche haben, wenn er von
Bundesland zu Bundesland reitet!

Länderrecht

Wie schon erwähnt, regeln die Länder in
eigener Regie das Betretungsrecht des
Waldes und seine Einschränkung.

Relativ klare Bestimmungen sind in
Berlin, Niedersachsen, Nordrhein-West-
falen, Sachsen, Baden-Württemberg,
Schleswig-Holstein, Mecklenburg-Vor-
pommern und Brandenburg zu finden.
Hier ist das Reiten auf ausgewiesenen
Reitwegen erlaubt, außerhalb der be-

schilderten Reitwege ist es grundsätzlich
untersagt.

In Niedersachsen, Nordrhein-Westfalen und Schleswig-Holstein dürfen
zusätzlich Wege beritten werden, die
tatsächlich als Fahrwege genutzt werden
können, es sei denn, sie sind für den
öffentlichen Verkehr gesperrt.

In Bayern, Hessen, Hamburg, Saarland, Rheinland-Pfalz, Thüringen und
Bremen ist das Reiten generell erlaubt.
Mit Ausnahme von für Reiter ausdrücklich gesperrten Wegen wie Fuß- und
Wanderwege, Sport- und Lehrpfade. In
Ballungs-, Natur- und Landschafts-
schutzgebieten sind Reitwege beschil-
dert. Einzig Sachsen-Anhalt hat noch
kein Gesetz. Dort ist das Reiten in der
freien Landschaft erlaubt.

Der Wanderreiter sollte auch wissen, daß in Baden-Württemberg, Hessen, Nordrhein-Westfalen, Schleswig-Holstein und dem Saarland eine Kennzeichnungspflicht der Pferde durch Nummern besteht. Hier ist es dringend geraten, sich bei den zuständigen Behörden rechtskundig zu machen, da sonst mit Sicherheit ein Bußgeld droht, wenn man ohne gültige Marke erwischt wird.

Reiten im Straßenverkehr

Die Straßenverkehrsordnung

Die Generalklausel, § 28 Absatz 2: Immer wieder müssen Wanderreiter öffentliche Straßen überqueren, durch Ortschaften oder gar größere Städte reiten. Die Straßenverkehrsordnung beinhaltet im § 28 Absatz 2 eine Art Generalklausel. Hier heißt es: »Für Reiter, Führer von Pferden sowie Treiber und Führer von Vieh gelten die für den gesamten Fahrverkehr einheitlich bestehenden Verkehrsregeln und Anordnungen sinngemäß.«

Reiter sind im Sinne des Gesetzgebers also Verkehrsteilnehmer und **müssen** die Fahrbahn benutzen wie Autofahrer. Von zwei Fahrbahnen die rechte Außenseite.

StVO – Grundregel:
Natürlich hat sich auch der Reiter »so zu verhalten, daß kein anderer geschädigt, gefährdet oder mehr als nach den Umständen unvermeidbar, behindert oder belästigt wird«. Daraus ergibt sich keine Sonderstellung, sondern Gleichberechtigung mit allen anderen Verkehrsteilnehmern.

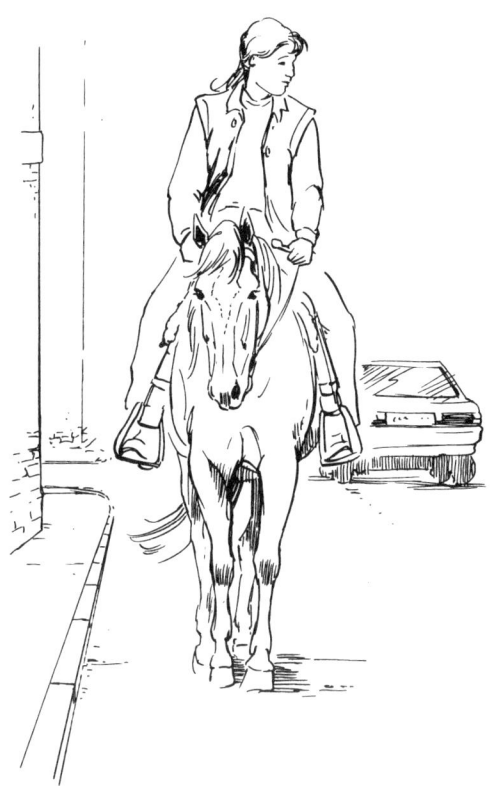

Die Straßenverkehrsordnung erlaubt nur verkehrssicheren Pferden die Teilnahme am Straßenverkehr.

§ 2 Absatz 4 StVO – Abstand:
Im § 2 ist die Straßenbenutzung erläutert. Es wird vorgeschrieben, daß Reiter hintereinander reiten müssen. Nebeneinander dürfen sie nur reiten, wenn dadurch der Verkehr nicht behindert wird. Eine Ausnahme bildet § 27 Verbände. Mehr als 15 Reiter dürfen einen geschlossenen Verband bilden. Diese sollten dann zu zweit nebeneinander auf der Fahrbahn reiten. Aber auch weniger Reiter können einen Verband bilden,

Beim Reiten in der Gruppe ist besondere Rücksichtnahme untereinander und gegenüber anderen Verkehrsteilnehmern geboten.

wenn es sich um eine »geordnete, einheitlich geführte Reitgruppe« handelt.

§ 9 StVO: Abbiegen, Wenden:
Grundsätzlich ist zum Reiten im Verkehr zu bemerken, daß der Reiter sich wie ein Autofahrer verhalten muß.

Müssen Reiter links an einem Fahrzeug oder Hindernis vorbei, haben entgegenkommende Fahrzeuge Vorfahrt. Vor dem Ausscheren muß auf den nachfolgenden Verkehr geachtet werden. Das Ausscheren sowie das Wiedereinordnen muß durch Handzeichen angekündigt werden. Das gleiche gilt beim Abbiegen oder bei Richtungsänderun-

Reiten auf der Fahrbahn oder auf dem Gehweg?

Nach der Straßenverkehrsordnung müssen Pferde die Fahrbahn benutzen. Trotzdem ist es bei starkem Verkehr manchmal notwendig, auf den Gehweg auszuweichen. Ist der Gehweg breit genug und wenig frequentiert, so daß keine Fußgänger belästigt oder behindert werden, wird es wohl keine Schwierigkeiten geben, wenn Reiter gefährlichen Situationen ausweichen und einige hundert Meter auf dem Gehweg reiten.

Grundsätzlich ist die Straßenverkehrsordnung geschaffen worden, um einen reibungslosen, gefahrlosen Verkehrsfluß zu gewährleisten.

Natürlich besteht für Reiter in solchen Situationen eine besondere Sorgfaltspflicht, und das richtige Verhalten muß genau überlegt werden.

gen. »Wer abbiegen will, muß dies rechtzeitig und deutlich ankündigen. Wer nach links abbiegen will, muß sich bis zur Mitte, auf Fahrbahnen für eine Richtung möglichst weit links einordnen, und zwar rechtzeitig.« Das Linksabbiegen gehört wohl zu den schwierigsten Situationen für Reiter im Straßenverkehr. Selbst erfahrene Wanderreitführer haben ihre Probleme mit der Rechtsauslegung und handeln oft situationsbedingt, was zwar nicht immer den Vorschriften entspricht, aber oft der vernünftigere und sicherere Weg ist.

Aber wie gelangt eine größere Gruppe vorschriftsmäßig auf die andere Straßenseite oder in die gegenüberliegende Straßeneinmündung?

Die Reiter sollten einen Verband bilden und zu zweit Bügel an Bügel reiten, außerdem so nah, wie es die Tiere erlauben, zusammenrücken. Dieser »Verband« darf 25 Meter nicht überschreiten, ansonsten sind zwei Gruppen zu bilden. Dann muß ein so großer Abstand eingehalten werden, daß überholende Fahrzeuge einscheren können.

Beim Abbiegen im Kreuzungsbereich oder beim Passieren einer Ampelanlage sind alle übrigen Verkehrsteilnehmer wartepflichtig und müssen den gesamten Verband durchlassen, wenn das erste Reiterpaar abgebogen ist.

In der Praxis sieht das dann folgendermaßen aus:

● Überqueren der Straße: Zuerst Handzeichen geben und den übrigen Verkehrsteilnehmern signalisieren, daß man abbiegen will. Wenn die Straße frei ist, wenden alle ihre Tiere nach links und überqueren gemeinsam die Straße. In diesem Fall wird einzeln hintereinander geritten.

● Abbiegen in einem Kreuzungsbe-

Beim Führen von zwei Handpferden ist es sicherer, wenn eins auf dem Gehweg läuft.

reich: Verband bilden. Abbiegen wieder mit Handzeichen signalisieren. Auf der Abbiegespur einordnen. Entgegenkommenden Verkehr passieren lassen und, wenn frei ist, in die andere Straße abbiegen.

Vorsicht! Auf keinen Fall die Straße vorne und hinten durch Reiter sperren lassen. Dies ist ein Verstoß gegen die Straßenverkehrsordnung und kann als Nötigung und Behinderung im Straßenverkehr ausgelegt werden.

Ist man mit im Straßenverkehr ungeübten Reitern und Pferden unterwegs, empfiehlt es sich, die Straße zu sichern, so daß andere Verkehrsteilnehmer auf die Gruppe aufmerksam gemacht werden und von selbst das Tempo verlangsamen oder gar anhalten. Auch hier gilt: Die Straße zu sperren verstößt gegen die Vorschriften.

§ 28 StVO:

Die meisten Vorschriften findet der Reiter im § 28 StVO (siehe Kasten). In den Kommentaren zu diesem Paragraphen ist ausdrücklich darauf hingewiesen, daß verkehrsungewohnte Rennpferde im Straßenverkehr transportiert werden müssen. Besondere Vorsicht ist auch bei Reitschülern, insbesondere Jugendlichen und Heranwachsenden geboten, sie haben im Straßenverkehr mit Pferden nichts zu suchen.

Wichtig ist auch, daß bei unzureichender Einwirkungsmöglichkeit ein Pferd im Verkehr nicht zugelassen ist, wie zum Beispiel ein »ungebärdiges Pferd« oder ein »Sonntagsreiter«, dessen Tier nur seine Box kennt und einmal in der Woche bewegt wird.

● **Führen:** Der Wanderreiter hat die Möglichkeit, sein Pferd im Verkehr zu führen. Der Gesetzgeber schreibt vor, daß das Tier immer links geführt werden muß. Ein Reiter darf im Straßenverkehr höchstens zwei Handpferde führen, da er nicht mehr als zwei Pferde sicher beisammen halten kann, weder vom Sattel noch zu Fuß.

Laut Gesetz ist das Pferd auf der Fahrbahn zu führen, nicht aber auf dem Gehweg, und zwar auf der rechten Straßenseite in Verkehrsrichtung. Kurz gesagt, überall wo man reiten darf, ist auch das Führen erlaubt.

Ausnahme: Auf Wegen, wo Reitverbot durch das runde, weiße Schild mit rotem Rand und schwarzem Reiterbild verboten ist, darf das Pferd geführt, aber nicht geritten werden.

● **Reiten in der Dunkelheit:** Bei Dunkelheit muß das Tier im Straßenverkehr mit einer nicht blendenden Leuchte mit weißem Licht nach vorne und rotem Licht nach hinten, sowie beim Führen eines Pferdes eine nicht blendende Leuchte mit weißem Licht, auf der linken Seite nach vorne und hinten gut sichtbar, ausgestattet sein.

● **Alkohol und Reiten:** Da der Reiter Verkehrsteilnehmer im Sinne der StVO ist, muß er sich verkehrstauglich verhalten. Dies ist nach reichlichem Genuß von alkoholischen Getränken nicht mehr gewährleistet. Er sollte daher wissen, daß bei einer Blutalkoholkonzentration von 0,8 bis 1,29 Promille eine bedingte Verkehrstauglichkeit gegeben ist. Begeht er in diesem Zustand eine Ordnungswidrigkeit, kann ihm als Führerscheininhaber in schweren Fällen ein Fahrverbot auferlegt werden. Bei einer Blutalkoholkonzentration von mehr als 1,3 Promille machen sich Reiter, ebenso wie andere Verkehrsteilnehmer, strafbar.

Der Gesetzgeber geht davon aus, daß der alkoholisierte Reiter mit seinem Pferd im Zusammenhang mit der Teilnahme am öffentlichen Straßenverkehr gezeigt hat, daß er zum Führen eines Fahrzeuges nicht geeignet ist.

Neben den vorausschauenden Autofahrern gibt es auch jene, die ohne Rücksicht auf Verluste im Straßenverkehr nur ihre eigenen Interessen vertreten. Insgesamt ist es ratsam, sein Pferd langsam an den Straßenverkehr zu gewöhnen. Selbst sichere Pferde haben ihre Probleme mit Langholztransporten oder großen Baustellenfahrzeugen. Aus diesem Grund ist besondere Vorsicht beim Reiten im Straßenverkehr geboten.

Die Gerte als Abstandszeichen kann im Verkehr sehr nützlich sein.

Versicherungsschutz für Pferde

Der tägliche Umgang mit Pferden, ob zu Hause oder unterwegs auf einem Wanderritt, birgt zahlreiche Gefahren. Tiere sind, seien sie dem Menschen noch so vertraut, letztendlich nicht vollständig berechenbar.

Ein plötzlich herabstürzender Ast im Wald, große, lärmintensive LKWs oder eine schmerzhafte Wunde können Pferde in derart große Panik versetzen, daß sie durchgehen, schlagen oder beißen. Für den dadurch verursachten Schaden an anderen Menschen, Tieren oder Sachen ist der Tierhalter haftbar.

§ 833 des Bürgerlichen Gesetzbuches regelt die Tierhalterhaftung wie folgt: »Wird durch ein Tier ein Mensch getötet oder der Körper oder die Gesundheit eines Menschen verletzt oder eine Sache beschädigt, so ist derjenige, welcher das Tier hält, verpflichtet, dem Verletzten den daraus entstehenden Schaden zu ersetzen ...«.

Gegen diese unvorhersehbaren Schäden kann ein Pferdebesitzer sein Tier versichern.

Der Versicherungsschutz geht aber auch so weit, daß Pferde gegen Krankheiten und sogar den Tod abgesichert werden können.

Versicherungsarten

Für das Pferd können Haftpflicht-, Lebens- und Krankenversicherungen abgeschlossen werden. Eine Haftpflichtversicherung ist für jedes Pferd unerläßlich. Auch ein braves und vertrauenswürdiges Pferd kann unerwartet Schäden in Millionenhöhe verursachen. Besonders auf Wanderritten kann niemand jenseits jeglicher Zivilisation reiten. Es sind immer Ortschaften zu durchqueren. Und jede Ortschaft, sei sie noch so klein, hat eine Hauptstraße. Und schon läßt sich ein Musterfall konstruieren:

Der Wanderreiter geht entweder einige Meter neben dieser Straße oder will diese überqueren. In diesem Moment kommt ein Tanklastwagen und bringt Heizöl für einen Bewohner des Ortes. Das Pferd scheut, gerät außer Kontrolle und rennt auf die Straße. Durch das Ausweichmanöver des Fahrers kippt der LKW, das Öl läuft ins Erdreich. Er könnte auch gegen eine Hauswand fahren und explodieren. Abgesehen vom Sachschaden können dabei auch Menschen verletzt oder getötet werden.

Die Haftpflichtversicherung deckt solche fahrlässig verursachten Personen-, Sach- und Vermögensschäden im Rahmen der Versicherungssummen und -bedingungen. Ratsam ist eine Versiche-

Der Versicherungsumfang

Empfehlenswerte Deckungssummen:
Sachschäden 3 bis 7,5 Millionen DM
Vermögensschäden 20 000 bis
100 000 DM

Vor Abschluß der Versicherung ab-
klären:
Wofür muß unter Umständen eine be-
sondere Risikoprämie gezahlt werden?
- Turnierrisiko
- Gastreiterrisiko
- Flurschaden
- Auslandsschutz
- Fohlen bei Fuß
- Gewässerschäden

Außerdem:
- Gibt es besondere Weidebedingun-
  gen (z. B. Mindesthöhe bei Zäunen)?
- Gibt es eine Mindestlaufzeit des
  Vertrages (Kündigungsfrist)?
- Gibt es bei der Versicherung mehre-
  rer Pferde oder bei Mitgliedschaft in
  einer reiterlichen Vereinigung Ra-
  batt?
- Sind Schäden durch ungewolltes
  Decken inbegriffen?
- Gibt es einen Bonus, wenn die Versicherung innerhalb eines Kalen-
  derjahres nicht in Anspruch genommen wurde?

rungssumme von mindestens 3 Millionen Mark. Der Versicherungsschutz gegen Vermögensschäden wird bei den
Gesellschaften meist separat ausgewie-
sen und liegt zwischen 20 000 und
100 000 Mark. Ein klassischer Vermö-
gensschaden wäre z. B. eine Rangelei unter fremden Pferden, wobei ein Tier
schwer verletzt oder sogar getötet wird.

Da die einzelnen Versicherungsge-
sellschaften unterschiedliche Preis-Lei-
stungs-Verhältnisse anbieten, empfiehlt
sich vor Abschluß ein Vergleich mehre-
rer Angebote.

Neben den im obenstehenden Kasten
sind auch die Fragen von Bedeutung, ob
in dem Versicherungsschutz auch Tur-
nier- und Gastreiterrisiko enthalten oder
nur gegen Zuschlag mitversichert sind,
oder ob auch ein Auslandsschutz besteht.

Für Pferde läßt sich auch eine Risiko-
lebensversicherung abschließen. Dabei
erhält der Besitzer im Todesfall eine entsprechende Summe, die ihn über den
Verlust des Tieres trösten und beim Kauf
eines neuen Tieres unterstützen soll.
Diese Versicherungen sind in Verruf geraten, da zahlreiche Fälle bekannt wurden, in denen Besitzer den Tod ihres
Tieres leichtfertig in Kauf nahmen oder
sogar selbst verursachten, um so die Ver-
sicherungssumme zu kassieren.

Eine statistische Untersuchung hat
ergeben, daß bereits im ersten Jahr nach
Abschluß der Versicherung 25 bis 30
Prozent der Tiere ums Leben kamen.
Eine wünschenswerte Alternative wäre
eine Kapitallebensversicherung, bei der
im Laufe des Pferdelebens eine Summe
angespart wird, die nach Ablauf des Vertrages mit Zinsen und Dividende ausge-
zahlt wird.

Auch gegen Krankheit können Pferde
versichert werden. Allerdings fällt der
Beitrag je nach Alter und Gesundheits-
zustand des Pferdes recht hoch aus.

Ausbildung des Wanderreiters

Alle großen Deutschen Reitorganisationen bieten eine Ausbildung zum Gelände- oder Wanderreiter an. Bei der Vereinigung der Freizeitreiter Deutschland (VFD), der Reiterlichen Vereinigung (FN) und Erster Trekking Club Deutschland (ETCD) ist die Ausbildung zum Geländereiter ähnlich. Bei allen drei ist die Bedeutung dieser ersten Stufe für das Reiten in Feld, Wald und Flur gleich. Der Inhaber einer solchen Qualifikation soll sich der besonderen Verantwortung gegenüber dem Pferd, der Natur und seinen Mitmenschen bewußt sein.

Besonders die VFD hat sich der Entwicklung der letzten Jahrzehnte intensiv angepaßt und eine Prüfungsordnung geschaffen, die auf angehende Wanderreiter in spezieller Art und Weise abgestimmt worden ist. Allen wurde immer bewußter, daß die Einengung der Landschaft, zunehmendes Verkehrsaufkommen, gesetzliche Bestimmungen sowie die immer größer werdenden Ansprüche anderer Landschaftsbenutzer erhöhte Anforderungen an alle Gelände- und Wanderreiter stellen.

Mittlerweile sind Ausbildung und Prüfungswesen bei der VFD auf einem recht hohen Stand, so daß jeder, der Lehrgänge, Seminare und Kurse absolviert hat, ein grundlegendes Wissen besitzt und ohne Probleme im Gelände mit all seinen »Hindernissen« zurechtkommt.

Die Prüfungsordnung ist in vier Grundstufen unterteilt: Geländereiter (VFD-Reiterpass I), Wanderreiter (VFD-Reiterpass II), Geländeritt-Führer (VFD-Reiterpass III) und Wanderritt-Führer (VFD-Reiterpass IV).

Daneben gibt es noch die VFD-Junior-Reiterprüfung für Kinder ab 10 Jahren, den VFD-Übungsleiter sowie den VFD-Prüfer.

Der Geländereiter

Die erste Stufe bescheinigt dem Inhaber, daß er solide Grundkenntnisse und Grundfertigkeiten im Reiten, in der Pferdehaltung und im Umgang mit Pferden besitzt. Der Reiter kann eigenverantwortlich an Geländeritten, auch in größeren Gruppen, teilnehmen. Für den Erwerb des VFD-Reiterpass I muß der interessierte Reiter nicht Mitglied der Vereinigung sein. Das Mindestalter des Reiters ist auf 16 Jahre festgesetzt worden.

Das Prüfungsprogramm umfaßt eine praktische Eignungsprüfung, bei der zweckmäßige Kleidung, die Mindestausrüstung des Pferdes sowie die Vorbereitung des Pferdes auf den Ritt bewertet werden. Weiter werden eine Rittigkeit in der Bahn sowie ein Geländeritt von ein bis zwei Stunden von dem Prüfling verlangt. Abschließend steht eine mündliche oder schriftliche theoretische Prüfung auf dem Programm.

Der Wanderreiter

Zu der Prüfung zum Wanderreiter werden nur noch VFD-Mitglieder zugelassen, die mindestens 16 Jahre alt sind. Die zweite Stufe bescheinigt vertiefte Kenntnisse und Fertigkeiten für die eigenverantwortliche Vorbereitung und Durchführung von mehrtägigen Wanderritten mit dem gesamten Gepäck.

Die Prüfungsordnung schreibt im praktischen Teil einen zweitägigen Wanderritt vor. Die Übernachtung erfolgt mit der am Pferd mitgeführten Ausrüstung. Hauptaugenmerk legen die Prüfer auf Reittauglichkeit und Kondition des Tieres, daneben gibt es Ausrüstungskontrollen und eine Beurteilung des verschnallten Gepäcks.

Wichtigster Teil der Prüfung ist ein Streckenritt nach Karte von mindestens 20 Kilometer Länge innerhalb der zwei Wanderreittage. Jeder Teilnehmer muß eine vom Prüfer festgelegte Strecke einzeln reiten. Zum Abschluß ist wieder eine mündliche oder schriftliche theoretische Prüfung vorgesehen.

Der Geländeritt-Führer

Diese Ausbildungsstufe ist für Reiter gedacht, die unerfahrene Geländereiter in Wald und Feld führen. Die Ausbildung wurde so konzipiert, daß der Geländeritt-Führer in der Lage ist, eine Gruppe von Reitern während eines Ausrittes von einigen Stunden bis zu einem Tag (ohne Übernachtung) zu führen. Er kennt die geltenden Gesetze und Verordnungen und verfügt über reiterliche und psychologische Fähigkeiten, die es ihm erlauben, eine größere Reitergruppe in der freien Landschaft, im Wald und im Straßenverkehr sicher zu führen. Bei einem mehrtägigen Wanderritt kann er als Gruppenführer von einem Wanderrittführer eingesetzt werden.

Da die Aufgaben eines Geländeritt-Führers nicht nur Fachwissen, sondern auch ein Mindestmaß an persönlicher Reife voraussetzen, wurde für diese Qualifikationsstufe ein Mindestalter von 18 Jahren festgesetzt.

Im Mittelpunkt der Prüfung steht die Führung einer Gruppe von mindestens fünf Teilnehmern auf einer vom Prüfer festgelegten, mindestens zehn Kilometer langen Strecke. Kommandogebung, Führen im Verkehr, Reiten mit Handpferd, Reiten eines fremden Pferdes, Erste Hilfe bei Verletzungen von Reitern und Pferden sind weitere wichtige Punkte, die der Geländeritt-Führer beherrschen muß. Auch hier erfolgt eine theoretische Prüfung über das breite Spektrum Wanderreiten. Diese reicht von Verhalten der Tiere, Anatomie, Fütterung, Haltung, Hufkunde, Belastungsfolgen, Erkennen des Gesundheitszustandes des Pferdes, Gesetzeskunde, Versicherungsschutz über Reitlehre, Zäumung, Sättel bis zur Planung eines Geländerittes mit Kenntnissen in Kartenkunde, Gruppenbetreuung, Bewältigung von Streßsituationen und das Erkennen der Belastbarkeit von Mitreitern.

Der Wanderritt-Führer

Besondere Anforderungen stellt zu Recht die VFD an ihre Wanderritt-Führer. Das Mindestalter ist 21 Jahre, der Prüfling muß die Qualifikation als Wanderreiter besitzen und wenigstens zwei Wanderritte von mindestens drei Tagen, auf denen er schon Planungs- und Führungsaufgaben übernommen hat, nachweisen können. Darüber hinaus müssen diese Ritte von einem VFD-Wanderritt-Führer, einem VFD-Prüfer oder einem von VFD-Landesverband zugelassenen Sachverständigen begleitet und bestätigt werden. Außerdem muß der angehende Wanderritt-Führer den Besuch von folgenden Kursen oder Seminaren nachweisen können: Reitausbildung, Lederreparaturkurs, Hufkurs sowie Reittauglichkeitskurs.

Die Prüfung findet in Form eines einwöchigen Lehrgangs statt. In der praktischen Eignungsprüfung muß der Prüfling einen drei- oder viertägigen Wanderritt planen, organisieren und durchführen. Die mitreitende Gruppe besteht aus mindestens drei Teilnehmern. Es gilt die Strecke festzulegen, ein Quartier zu beschaffen, die Reitgruppe kennenzulernen und zu beurteilen, den Ritt durchzuführen und anschließend ein Protokoll zu erstellen.

Die theoretische Eignungsprüfung muß schriftlich erfolgen. Sie umfaßt neben den schon in der dritten Stufe geprüften Kenntnissen auch das Beschlagen von Pferden sowie alternativ den Hufschutz, die Einrichtung eines Behelfsstalls, Übernachten mit Pferden im Freien, Unterweisung der Mitreiter, die Festlegung der Strecke nach touristischen Gesichtspunkten sowie eine intensive Gruppenbetreuung.

Ab dem VFD-Reiterpass II (Wanderreiter) rückt die Verfassung des Pferdes in den Vordergrund. Hat der Reiter auch noch so gute Kenntnisse, darf er den praktischen Teil der Prüfung trotzdem nur mit einem völlig gesunden Tier absolvieren. Aus diesem Grund wird vor und nach jedem Ritt das Pferd auf Reittauglichkeit untersucht.

Gesundheitliche Mängel wie Lahmheiten oder Satteldruck führen zum sofortigen Ausschluß. Bei Verletzungen nach dem Prüfungsritt entscheidet der Tierarzt in Zusammenarbeit mit dem Prüfer, ob der Reiter bestanden hat oder nicht. Wurde das Tier zum Beispiel überfordert oder hat der Reiter durch Fahrlässigkeit die Verletzung verursacht, werden ihm verantwortliche Prüfer wohl kaum die Lizenz ausstellen.

Die vorher geschilderten Prüfungsvoraussetzungen sind nur auszugsweise erläutert worden. Über die genaue Prüfungsordnung bekommen interessierte Wanderreiter Auskunft beim Bundesvorstand der VFD. Die Adresse ist im Anhang zu finden.

Aus der Praxis geplaudert

Nach jedem Wanderritt könnte man mit der Fülle von Erlebnissen und Eindrücken, positv wie negativ, ein Buch füllen. Es gibt keinen lehrbuchhaften Wanderritt. Besonders wenn man glaubt, alles sei genau vorbereitet und hier lauere bestimmt keine Überraschung, kommt doch alles anders.

Der richtige Sattel war doch der falsche

Nach jedem Wanderritt ist man um viele Erfahrungen reicher und will im nächsten Jahr natürlich alles besser machen.

»Das wird mir nicht wieder passieren«, lautet die Devise.

So dachte auch ein Wanderreiter, der seit einigen Jahren mit einem Dressursattel Wanderritte unternahm und damit auch eigentlich keine Probleme hatte. Lediglich das Verschnallen von Gepäck bereitete Probleme. Also kaufte er für das nächste Jahr einen Wanderreitsattel für über 3 000 Mark mit Gepäcktaschen und allem, was dazugehört.

Da sein Pferd aber vorrangig für

Auch der beste Wanderreitsattel muß über Wochen eingeritten werden.

Dressurturniere vorbereitet wird, kam der Sattel lediglich im Gelände, insbesondere am Wochenende zum Einsatz. Am ersten Tag des Wanderrittes war eine Reitzeit von ca. 7 Stunden zu bewältigen. Der neue Sattel war hervorragend angepaßt und das Gepäck ordentlich verschnallt.

Die Überraschung kam am Abend. Nach dem Absatteln war der Pferderücken auf den ersten Blick ohne Beanstandungen. Doch Berührungen wurden von dem Pferd nur ungern hingenommen. Der Rücken zeigte deutlich Verspannungen. Das Pferd hatte Satteldruck im hinteren Bereich des Rückens.

Da der Wanderreitsattel eine wesentlich größere Auflagefläche als der Dressursattel hat, zeigte der Pferderücken genau an der neuen Auflagefläche Druckstellen. Ein Weiterreiten unter diesen Bedingungen war nicht mehr möglich.

Also wurde das Tier mit Essig-Druckverbänden behandelt und am nächsten Tag verladen. Der Reiter bestellte umgehend telefonisch seinen Dressursattel, der ihm am nächsten Tag von zu Hause gebracht wurde. So konnte nach einem Tag Pause und durch den Einsatz des gewohnten Sattels der Ritt unbeschadet fortgesetzt werden bis zum Ziel nach sieben Tagen.

Drei Eisen sind eins zuwenig

Wird unterwegs ein Eisen locker oder löst sich vom Huf, kann dieses ohne Probleme mit ein wenig Übung wieder befestigt werden. Aber was geschieht, wenn das Hufeisen nicht mehr auffindbar ist?

Man befindet sich im tiefsten Belgien, hat nur noch drei Hufeisen am Pferd, kein Ersatzeisen dabei, und es sind noch 10 Tage bis nach Hause. Ohne Eisen weiterreiten ist auf keinen Fall möglich. Also begibt man sich auf die Suche nach einem Hufschmied.

Nach stundenlangem Suchen wird schließlich ein Hufschmied im Ruhestand gefunden, der bereit ist, das Pferd neu zu beschlagen. Also teilt sich die Gruppe an diesem Tag. Das Pferd wird verladen und zum Hufschmied gebracht, während die anderen Ritteilnehmer zum nächsten Tagesziel reiten. Dies war jedoch nur möglich, weil die Gruppe ein Troßfahrzeug mit Hänger dabeihatte.

Das Pferd wurde kalt beschlagen und das Eisen zudem nicht fest angezogen. Nur so konnte das Tier den Wanderritt fortsetzen (siehe Kapitel »Kleine Hufkunde«).

Der Weg ins Nirgendwo

Die Strecke kann noch so intensiv vorbereitet und durchdiskutiert werden. Letztendlich sitzt man zu Hause vor den Landkarten und kann nur auf die Arbeit der Topographen vertrauen.

So plante eine Gruppe einen Wanderritt durch die französischen Vogesen, wo unter anderem eine Tagesetappe von fast 40 Kilometern vorgesehen war, aber die Strecke anhand von topographischen Karten intensiv vorbereitet war und unproblematisch erschien.

Unterwegs stellten sich die Wege und deren Markierungen als sehr unübersichtlich heraus. Breite Wege endeten plötzlich im Windbruch oder verschwanden im Nichts. Die in der Karte genau bezeichneten Markierungen waren nirgends zu finden. Eine darauf angesprochene Gruppe von Wanderern meinte gelassen: »Den Aufräumarbeiten und Abholzungen sind wohl auch die markierten Bäume zum Opfer gefallen«. So war es wohl tatsächlich. Da auch eine Orientierung mit dem Kompaß nicht möglich war, wurde die Suche nach dem richtigen Weg gegen 18.00 Uhr aufgegeben. Die Gruppe war bereits 8 Stunden unterwegs und höchstens 25 Kilometer vorangekommen. Glücklicherweise fanden sich im nächsten Ort nette Pferdeleute, die sofort ihren Hänger zur Verfügung stellten und alle ans Tagesziel fuhren.

Wo bleibt der Gastgeber?

Auf einem Wanderritt mit einer größeren Gruppe ist es sinnvoll, bereits vorher die Quartiere auszuwählen und für den jeweiligen Tag der Ankunft zu bestellen. Versorgung, Preise und Schlafplätze sind dann genau festgelegt. Im Normalfall sind Unterkunft für Mensch und Tier bei Ankunft von den Gastgebern bereits vorbereitet worden. Jedoch liegt zwischen der Vorbereitung eines Wanderrittes und dem Ritt selbst eine Zeit von mehreren Wochen, in denen so allerhand passieren kann.

So erreichte eine Gruppe von 4 Wanderreitern am Nachmittag ihr vorbestelltes Quartier.

Die Gastgeberin war anwesend, aber wenig kooperativ. Ihr Mann habe sich bisher immer um die Versorgung der Wanderreiter gekümmert. Sie habe damit nichts zu tun. Ihr Mann sei aber momentan mit seiner neuen Freundin unterwegs. Wann er nach Hause komme, oder wo er zu erreichen sei, wußte niemand. Die Schlüssel für die Wohncontainer, wo die Reiter eigentlich übernachten sollten, hatte der Gastgeber mitgenommen. Ersatzschlüssel gab es nicht. So war es nur der Hilfsbereitschaft eines angestellten Reitlehrers zu verdanken, daß die Pferde eine Koppel und Heu erhielten.

In abenteuerlichem Outfit, unrasiert und mit einer Aura aus Pferdegeruch machten sich die Reiter auf Zimmersuche im nahegelegenen Ort. Eine hilfsbereite Pensionswirtin vermietete ihnen nach entsprechender Bezahlung (im voraus!!!) Zimmer. Der »gebuchte« Gastgeber war auch bis zum nächsten Morgen noch nicht aufgetaucht.

Ein außergewöhnliches Quartier

Neben dem mysteriösen Verschwinden mancher Gastgeber können diese auch unter einer zeitweiligen Amnesie leiden.

So wurde eine Wanderreitgruppe, die zuvor ein Quartier bestellt hatte, einfach vergessen. Man nahm an, die Reiter hätten die telefonischen Verhandlungen wohl mit der 90jährigen Großmutter des Hauses geführt, die nach einem Schlaganfall geistig nicht mehr rüstig sei. Jedenfalls gab es weder Unterbringung für Mensch noch für Pferde. Die Koppeln waren durch zahlreiche Gastpferde ohnehin überbelegt und die Boxen ebenfalls nicht frei. So stand nun die

Auch Quartiere, die bei der Planung einen guten Eindruck machen, können vier Wochen später schon Legende sein.

Gruppe nach 10 Reitstunden ratlos, müde und hungrig auf der Straße eines 200 Seelen zählenden Ortes. Ein junges Mädchen beobachtete die Szenerie und machte den rettenden Vorschlag. Sie sei 16 Jahre alt, allein zu Hause und dazu bereit, ihre 3 Pferde in Boxen zu sperren. Die 4 Wanderreitpferde könnten die Nacht auf ihrem kleinen Reitplatz im Freien mit Heu und Wasser verbringen. Die Reiter könnten in ihren Schlafsäcken im elterlichen Wohnzimmer schlafen, und zum Abendessen empfahl sie ein gemütliches Restaurant in der Nähe. Dieses Angebot wurde dankend angenommen, und die später heimkehren-

den Eltern zeigten Verständnis für die Hilfsbereitschaft ihrer Tochter.

So gibt es auch in Notlagen immer eine Lösung, die unter Umständen vielleicht sogar besser ist als die Planung selbst.

Der Wanderzirkus

Ein Wanderritt von Antwerpen nach Saarlouis im Saarland wurde von langer Hand vorbereitet. Das Kartenmaterial aus Belgien, Luxemburg und Frankreich besorgt. Vier Pferde und sechs Personen machten sich schließlich mit Wohnmobil und Pferdehänger auf die Reise. Während die vier wechselnden Reiter sich täglich ein gutes Stück durch Wald, Feld und Flur schlugen, waren immer zwei Troßfahrer auf der Suche nach einem geeigneten Nachtquartier. Außerdem besorgten sie Proviant für die ganze Truppe. Das Wohnmobil war mit allem ausgestattet, so daß die Truppe recht anspruchslos war und lediglich eine Wiese benötigte. Aber auch das konnte ein Problem sein. Im verträumten Grenzstädtchen Clervaux zwischen Belgien und Luxemburg wollte einfach niemand eine Wiese zur Verfügung stellen. Die Troßfahrer wurden von Haus zu Haus geschickt, aber überall war die Auskunft gleich: »Hier gibt's kaum Pferde und auch kaum Wiesen«, denn Clervaux ist, ähnlich wie Idar-Oberstein, ein Ort umgeben von Felsen und Wald.

Aber die Troßfahrer hatten den Ehrgeiz, in diesem Ort ein passendes Nachtlager zu finden. Also fuhren sie mit ihrem abenteuerlichen Gefährt in eine Werkseinfahrt, um von dort Beschäftigten vielleicht eine Unterstützung zu erhalten. Die Arbeiter dieser Kranbaufirma beäugten die Besucher skeptisch aus den Fenstern einer riesigen Halle. Da niemand aus der Halle auf die verunsicherten Troßfahrer zukam und fragte, was sie denn eigentlich hier wollten, betraten die Fahrer die Halle. Hier schlug ihnen ohrenbetäubender Lärm und verwunderte Gesichter entgegen.

»Ob hier denn jemand ein passendes Nachtquartier für 4 Pferde und 6 Personen kennt«, wollten die Troßfahrer wissen. Vorarbeiter Henk erwies sich als sehr hilfsbereit und bot spontan den Firmenparkplatz an. Über Nacht werde zwar die Schranke geschlossen, aber die Besucher könnten mit der Frühschicht das Gelände wieder verlassen. Also machte man sich an die Vorbereitung eines Nachtlagers. Die Reiter wurden per Funkgerät ins Quartier gelotst. Die Paddocks durften im firmeneigenen Park

aufgebaut und eine Feuerstelle errichtet werden.

Wasser gab es über einen 30 Meter langen Schlauch aus dem Fenster der Lagerhalle. Am Abend wurde schließlich ausgiebig mit Werksangehörigen diskutiert und gefeiert.

Am nächsten Morgen jedoch wurde die seltsame Gruppe von den Mitarbeitern der Chefetage irritiert beäugt. Schließlich klopfte einer der Schlipsträger an das Wohnmobil. Mit verwundertem Gesichtsausdruck meinte er: »Wir wurden ja gar nicht von der Gemeinde über Ihr Eintreffen informiert!«. »Wieso sollte die Gemeinde Clervaux etwas von uns wissen«, war die verdutzte Antwort der Wanderreiter. »Also, normalerweise erhalten wir immer einen Brief von der Gemeinde, wenn ein Wanderzirkus bei uns gastiert«!!!

Wanderreiter obdachlos

Es war einmal ein Wanderreiter, der machte sich allein mit seinem Pferd und Gepäck für acht Tage auf den Weg. Mit genügend Landkarten in der Tasche war es kein Problem, den richtigen Weg zu finden. Unterkunft für ein Tier und eine Person sind normalerweise auch ohne vorherige Reservierung immer zu realisieren.

An diesem Tag war es besonders heiß. »Nur noch auf diesen Berg rauf, da oben steht ein Kloster, hier werden wir sicherlich gut versorgt«, dachte sich der Reiter nach einer 40 Kilometer langen Etappe. Aber als er um ein Nachtquartier bei den Mönchen bat, wurde er unangenehm überrascht. Man schlug ihm die Tür vor der Nase zu. Also wurde das Pferd an

Wanderreiter sind nicht überall
willkommen.

einem Brunnen vor dem Kloster getränkt. Übernachtet wird dann eben
draußen. Leichter gesagt als getan, wenn
man kein Paddockmaterial dabeihat.

Der Reiter suchte sich schließlich mit
hungrigem Magen einen Platz auf einer
Weide. Das Pferd wurde abgesattelt und
graste am langen Strick. Schließlich
kommt ein Unglück selten allein, und so
setzte in der Dämmerung starker Regen
ein. Der einsame Reiter suchte schließ-

lich Schutz unter einem auf der Wiese
abgestellten Faß. Dem Pferd wurde diese Umgebung anscheinend zu un-
gemütlich, denn es entschloß sich kur-
zerhand, einen eigenen Unterstellplatz
zu suchen. Also Pferd weg, klatschnaß,
hungrig und müde verbrachte der Reiter
die Nacht unter seinem Faß.

Erst am nächsten Morgen entdeckte
er, daß das Pferd sich nur wenige Meter
entfernt aufhielt, und zudem ließ sich
die Sonne wieder blicken.

Also auf zur nächsten Tagesetappe, an
deren Ziel dann aber ein Erste-Klasse-
Quartier wartete.

Anhang

Vereinsadressen

Vereinigung der Freitzeitreiter Deutschland e.V.
Am Bauernwald 5b
81739 München
Tel.: 0171/4 20 15 21 oder
089/60 60 81 68
Fax: 089/60 60 81 23

Verein Deutscher Distanzreiter und -fahrer e.V.
Habichtstraße 77
45527 Hattingen
Tel.: 02324/2 38 41
Fax: 02324/5 41 91

Erster Trekking Club Deutschland
Andrea Marek
Seeteich 3
74423 Obersontheim
Tel.: 07973/12 19
Fax: 07973/1 61 04

Ausbildungsbetriebe für Wanderreiter

fs-Testzentrum Reken
Frankenstraße 37
48734 Reken
Tel.: 02864/24 34
Fax: 02864/58 60

Deutsche Wanderreiter Akademie
Fischerhof
56410 Reckenthal
Tel.: 02602/18 5 07
Fax: 02602/34 02

Klaus Ditzig
Burgstraße 22
34637 Holzburg
Tel.: 06698/7 61

Saga Reitschulen
Grenzlandhof
Claus Becker
66399 Mandelbachtal-Bebelsheim
Tel.: 06804/62 15
Fax: 06804/62 26

Kunststoffplatten

Trotters
Dagmar Kucher
Im Nassen Garten 1
54426 Naurath/Wald
Tel.: 06509/3 54
Fax: 06509/5 43

Sagimex
Sagimex GmbH
Liebigstraße 5
85551 Kirchheim
Tel.: 089/93 010 60
Fax: 089/9 04 33 94

Wanderreitstationen

Eine aktuelle Liste kann über den fs-Verlag bezogen werden:
fs-Verlag
53129 Bonn
Tel.: 0228/53 10 20
Fax : 0228/5 30 12 60

Außerdem gibt es bei den Landesverbänden der VFD interne Adressenlisten über gute Stationen. Die einzelnen Anschriften der Landesverbände stehen monatlich in der Zeitschrift fs oder können über den Bundesvorstand erfahren werden.

Literatur

BLENDINGER, WILHELM: Psychologie und Verhaltensweisen des Pferdes, Parey 1988

BRUNS, URSULA / BECHER, ROLF: Gebißlose Zäumungen – Hilfszügel, fs-Verlag 1995

BRUNS, URSULA: Zäumungen-Gebisse, fs-Verlag 1994

ETTL, RENATE: Das Einmaleins der Hufpflege, Franckh-Kosmos 1997

HOLLANDS, TERESA: Das Einmaleins der Pferdefütterung, Franckh-Kosmos 1997

KASPER, ARMIN: Hufkurs für Reiter, Franckh-Kosmos 1994

KÖRBER, HANS-DIETER: Huf, Hufbeschlag, Hufkrankheiten, Franckh-Kosmos 1997

MEYER, HELMUT: Pferdefütterung, Parey 1992

SCHÄFER, MICHAEL: Die Sprache des Pferdes, Franckh-Kosmos 1993

SOLINSKI, SADKO: Reiter, Reiten, Reiterei, Olms Verlag 1983

TELLINGTON-JONES, LINDA: Die Linda Tellington-Jones Reitschule, Franckh-Kosmos 1996

Register

Abgehärtet 73
Abmisten 66
Achal-Tekkiner 12
Alter 10
Anbinden 16
Anbindestrick 30
Anbindevorrichtung 30
arabisches Pferd 11
Augenverletzungen 56
Ausbildung (des Wanderreiters) 108
Ausdauer 22
Ausdauertrainingsprogramm 19
Ausrüstung 25

Bach 23
Bandwürmer 65
Barfuß 82
Bauernhöfe 46
Beatmung 55
Betretungsrecht 100
Bewegungstier 70
Bewußtlosigkeit 51, 57
Blutung 55
Bosal 29
Box 14, 67
Boxenhaltung 68
Brücke 23
Bundesrecht 99
Bundeswaldgesetz 99

Chaps 31
Charaktereigenschaften 10, 12
Checkliste 88

Dasselfliegen 66
Decken 26
Dressurarbeit 16
Dressurplatz 8
Druckstellen 60
Druckverband 55

»einnorden« (Karte) 41
Eisen 83, 85
Energie 74
Entwurmen 65
Erholungsphasen 16
Erlebnisse 111
Ermüdung 21
Erste Hilfe 51
Erste-Hilfe-Ausrüstung 62
Erste-Hilfe-Paket 34
»Erster Trekking Club Deutschland« 8
Exterieur 11

Filzpads 27
Finanzielle 50
Fjord-Ponys 12
Fluchtreflex 16
Forestier 25
Freiberger 12
Freizeitreiterverbände 8
Frühjahr 91
Führarbeit 16
Futtermittelsorte 77
füttern 74
Fütterungszeit 77
Futterverwertung 74

Galopp 19
Gasthöfe 46

Gefahren 95
Gehweg 102
Geländereiter 108
Geländeritt-Führer 109
German Saddlement 26
Geschlecht 14
Giftpflanzen 79
Grundausbildung 16
Grundimmunisierung 64
Grundkonditionierung 10

Hafer 77
Haflinger 12
Halfter 30
Halsriemen 30
Halstuch 32
Handschuhe 32
Hengst 14
Herbst 92
Herde 9
Herdenverhalten 69
Herpes 65
Heu 78
Hilfszügel 28
Höhenlinien 42
Höhenmeter 42
Höhenrelief 42
Horseman 49
Hufbeschlagswerkzeug 33
Hufegeben 16
Hufkunde 82
Hufpflege 86
Hufrehe 76
Hufschmied 84
Hufschutz 82
Hufsohle 87
Huftritt 61

Hufverletzungen 59
Husarensattel 26
Hut 32

Immunsystem 64, 70
Impfschutz 64
Infektionsgefahr 60
Influenza 65
Insektenstiche 62
Instinkt 79
Interieur 12
Islandpferd 12

Jahreszeit 91
Jodhpurhosen 31

Karte 37
Kartenmaterial 39
Kleidung 31
Knochenbrüche (des Pferdes)
   61
Knochenbrüche (des Men-
   schen) 56
Kolik 76
Kompaß 37
Kondition 22
Konditionierung 16
Kopfstück 28
Kopfverletzungen 57
Kraftfutter 77
Kunststoffplatten 83

Lahmheit 60
Länderrecht 100
Lebensraum 11
Lederreparaturset 33
Leistungssport 11
Lunge 70

Marschzahl 41
Maßstab 37
Medikamente 62
Mittagshitze 91
Moorgebiete 96
Moosmilben 66
Muskulatur 70

Neuseelanddecke 47
Notverband 62

Obstessig 62
Offenstall 9, 67

Offenstallhaltung 68
Offenstallpferde 47
Ohrenspiel 9

Pads 27
Paß 10
Pferdehaltung 67
Pferdeverstand 14
Planung 15
Polsterverband 61
Praxis 111
Psyche 13
Puls 22
Putzzeug 3 1

Quartiere 46

Rangordnungskämpfe 47
Rasse 10, 14
Rationen 74
Reiseapotheke 62
Reiterpension 46
Reitunfall 51
Reitzeit 44
Ruhezeiten 78

Sattel 25
Satteldruck 60
Satteltaschen 27
Sattelunterlage 26
Schabracke 26
Schockbehandlung 56
Schritt 19
Schuhe 31
Schulterstellung 12
Sehnenentzündung 12
Selbstbewußtsein 69
Sensibilität 22
Sexualtrieb 14
Sommer 91
Sozialkontakte 69
Spaziergang 21
Straßenverkehrsordnung 101
Steigbügel 27
Steigbügelriemen 27
Sternritte 10
Stockman-Sattel 26
Stollen 92
Strahlfurche 87
Straßenverkehr 101
Stute 14
Swing Tree 26

Tagesetappe 93
Temperaturen 91
Tempo 45
Tempowechsel 19
Tollwut 64
Tölt 10
Trab 19
Traber 12
Trabphasen 19
Trail-Parcours 23
Training 15, 19
Trakehner 12
tränken 74, 79
Trekker 25
Trensen 28
Troßfahrzeug 89

Untergrund 21
Unterkunft (Pferde) 47
Unterkunft (Reiter) 48
Unterwäsche 31

Verband 60
Verdauungsstörungen 65
Verdauungssystem 76
»Vereinigung der Freizeitreiter
   in Deutschland« 99
Vergiftungen 61
Verhaltensauffälligkeiten 69
Verschlag 76
Versicherungsschutz 106
Versicherungsarten 106
Vertrauen 23
Vollblüter 12
Vorbereitung 15

Wallach 14
Wanderreiter 109
Wanderreitpferd 10
Wanderritt-Führer 110
Wasser 21
Welsh-Ponys 12
Westernsättel 26
Winter 92
Witterungseinflüsse 91
Wunden 55
Wundstarrkrampf 64

Zäumung 28
Zeckenzange 62
Zielorte 47
Zivilisation 7

Erlebnis Pferde

Die Hufpflege gehört zu den wichtigsten täglichen Versorgungsarbeiten am Pferd.
Renate Ettl gibt Tips zur Hufpflege mit natürlichen Mitteln, zur hufgesunden Haltung und Fütterung. Außerdem: Die häufigsten Krankheiten und Probleme im Hufbereich erkennen und beurteilen.

ca. 120 Seiten, ca. 80 Abbildungen
ISBN 3-440-07272-X

Natur erleben, Spiel und Spaß mit Hund und Pferd. Mit diesem Ratgeber wird der Traum vieler Reiter leicht Wirklichkeit. Dieter Schulte-Wörmann zeigt, wie Sie Ihren Hund zum gehorsamen und sicheren Pferdebegleithund ausbilden können.

119 Seiten, 77 Abbildungen
ISBN 3-440-07055-7

Lernen Sie, wie man eine Kräuterweide anlegt und pflegt, Heilkräuter selbst gewinnt und eigene Mischungen zusammenstellt. Der Ratgeber für Pferdehalter, die einem ganzheitlichen Ansatz und sanften Heilmethoden den Vorzug geben.

111 Seiten, 81 Abbildungen
ISBN 3-440-07107-3

Bücher • Videos • CDs • Kalender

zu den Themen : Natur, Garten- und Zimmerpflanzen, Astronomie, Heimtiere, Pferde, Kinder- und Jugendbücher, Eisenbahn/Nutzfahrzeuge